[illegible]

PAR

D. BEAULIEU,

CORRESPONDANT DE L'ACADÉMIE DES BEAUX-ARTS DE L'INSTITUT DE FRANCE.

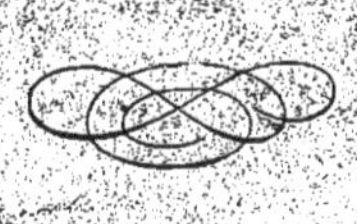

PARIS

DENTU, Libraire, Palais-Royal.
RICHAULT, Éditeur de Musique, Boulevard-Poissonnière, 26.

NIORT

ROBIN ET L. FAVRE, rue Saint-Jean, 6.

DU

RHYTHME,

DES EFFETS QU'IL PRODUIT ET DE LEURS CAUSES,

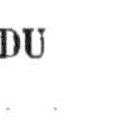

PAR

D. BEAULIEU,

CORRESPONDANT DE L'ACADÉMIE DES BEAUX-ARTS DE L'INSTITUT DE FRANCE.

PARIS

DENTU, Libraire, Palais-Royal.

RICHAULT, Éditeur de Musique, Boulevard-Poissonnière, 26.

NIORT

ROBIN ET L. FAVRE, rue Saint-Jean, 6.

Niort. — Imprimerie de L. Favre et Cie,
et Lithographie de H. Echillet.

AVERTISSEMENT.

J'ai beaucoup réfléchi sur l'art qui a fait la principale occupation de ma vie. Le rhythme musical a été entre autres l'objet de mes observations, et j'ai réuni dans un Mémoire les résultats de mes nombreuses recherches faites pendant une longue suite d'années. Ce Mémoire, communiqué à l'Académie des Beaux-Arts de l'Institut, à la fin de l'année 1844, a été lu au mois de février 1852, à la Société de Statistique des Deux-Sèvres, à laquelle j'ai l'honneur d'appartenir. Je prenais mes dispositions pour le faire imprimer, lorsque j'ai lu, au mois d'août dernier, dans la *Revue et Gazette musicale de Paris*, sur cette même question du rhythme, un premier article de M. Fétis, en annonçant plusieurs autres qui devaient le suivre. Ayant pu apprécier, comme tout le monde musical, le profond savoir, les connaissances étendues de l'auteur de ces articles, ma pensée fut d'abord de renoncer à l'impression de mon Mémoire; mais en les lisant, j'ai bientôt reconnu que leur auteur n'avait point envisagé la question sous le même point de vue où je me suis placé, qu'il en était résulté naturellement que ses idées différaient de mes aperçus, et que, s'il y avait entre nous quelques points de contact, ce qui était presque inévitable, il s'y trouvait de bien plus nombreuses différences. Alors je me suis décidé à livrer à l'impression mon travail, qui contient peut-être quelques idées nouvelles.

DU RHYTHME.

Traiter du rhythme musical d'une manière conforme à l'importance du sujet, est une œuvre d'autant plus difficile que les recherches qu'elle suppose ont été jusqu'ici à peine tentées. Plusieurs écrivains ont parlé de la puissance du rhythme et fait ressortir ses ressources variées ; un bien petit nombre a entrevu quelques-unes des causes de ses effets et essayé d'expliquer sa nature. Aucun d'eux, que je sache, n'a réuni des observations assez multipliées pour remonter jusqu'à son origine et faire connaître les principales sources de l'action qu'il exerce. Je vais à mon tour essayer de remplir cette lacune; mais, en abordant un sujet aussi étendu, aussi obscur, je ne puis maîtriser un sentiment de défiance de mes propres forces. Il est si facile de s'égarer dans les abstractions métaphysiques où conduisent des recherches aussi délicates, qu'il m'a fallu, pour m'y livrer, tout le courage que pouvait m'inspirer l'amour passionné de l'art musical. Cet aveu doit m'absoudre de ma témérité, car je sais tout ce qui me manque pour traiter convenablement une question presque neuve, et que hérissent de si graves difficultés. Je me serais abstenu, si je n'avais consulté que mes forces; mais je pense que chaque homme doit fournir à la société, selon sa spécialité et ses moyens, son contingent de travail; que, sur un navire, il n'est pas plus permis au simple mousse de négliger sa manœuvre, qu'au timonier le gouvernail. J'exposerai donc le résultat de mes méditations, en laissant à d'autres le soin de rectifier mes idées si elles sont erronées, ou de les compléter si elles manquent de développement.

De tous les moyens employés par l'art musical pour émouvoir notre sensibilité, le plus puissant est, sans contredit, le rhythme, dont l'influence agit le plus vivement sur les masses, même à leur insu.

Pour comprendre tout le charme de certaines mélodies, dont le rhythme, peu prononcé, laisse après soi quelque chose de vague, il faut une délicatesse de goût qui n'est pas le partage du plus grand nombre; comme pour apprécier tout le mérite d'une harmonie riche, élégante et bien appropriée au sujet, il faut un esprit formé aux habitudes de la réflexion, et capable de se rendre un compte instantané des impressions qu'il éprouve; et c'est ici surtout, que sont applicables ces paroles de Leibnitz: « que la Musique n'est à bien des égards qu'un calcul obscur et « secret que l'âme fait sans s'en apercevoir; » tandis que pour subir l'influence du rhythme, il suffit aux sens les moins exercés, de se laisser aller à ses mouvemens marqués avec précision et régulièrement cadencés. Aussi, l'emploi des combinaisons rhythmiques les plus usuelles demande-t-il une sage réserve, sous peine de rencontrer bientôt de ces effets vulgaires, insignifians, que bon nombre des compositions contemporaines n'ont pas assez évités.

Les combinaisons du rhythme ne comprennent pas seulement les divisions et les subdivisions du temps; elles s'étendent encore aux rapports de l'étendue. Suivant l'opinion d'Aristide Quintilien, reproduite par Grétry (1), le rhythme se trouve non-seulement dans la durée relative des sons, mais dans la danse, la pantomime, et jusque dans les proportions d'une belle statue; on doit ajouter encore, dans les dispositions architectorales les plus généralement admirées. En effet, le rhythme, comme nous venons de le dire, est l'exacte proportion qui existe entre les parties d'un tout, et n'est-ce pas par cette proportion noble ou gracieuse, que les chefs-d'œuvre d'architecture nous frappent et nous impressionnent? Le statuaire, pour arriver à la plus grande perfection de son art, ne doit-il pas soigneusement en observer les lois dans la disposition de ses groupes et même de ses figures isolées? Ne la retrouve-t-on pas dans les mouvemens de la danse et dans les dessins chorégraphiques? Quant aux effets de la durée relative des sons, ou rhythme musical, chacun a été trop souvent à même d'en éprouver la puissance, pour qu'il soit nécessaire d'insister à cet égard. De ce qui précède, il résulte, selon nous, que le rhythme doit être défini ainsi qu'il suit: *Les justes proportions dans la forme et dans le mouvement* (2). Ces proportions ont, avec nos sensations, des rapports d'où naissent les effets qu'elles produisent sur notre âme.

Quelques auteurs ont pensé que le rhythme entraînait avec soi l'idée de symétrie; mais je ne sais si cela est bien fondé, en le considérant dans son acception la plus générale. Les passages

(1) On peut aussi consulter sur le sens donné par les anciens au mot rhythme, les manuscrits grecs traduits par M. A.-J.-H. Vincent. Paris, 1847, p. 243.

(2) Le mot *rhythme*, en grec, dit Burette, dans ses Observations sur le Traité de Musique de Plutarque, désigne la proportion que gardent entre elles les différentes parties de la mesure dans le mouvement. Le même auteur, développant cette définition, rentre à peu près dans les termes d'Aristide Quintilien.

courts et rhythmés avec lesquels on accompagne fréquemment le récitatif, n'ont souvent aucune symétrie et sont pourtant, d'ordinaire, des rhythmes très appréciables à notre oreille. Dans le rhythme phraséologique, c'est-à-dire dans la correspondance rhythmique des phrases musicales, les rapports s'établissant entre des divisions plus étendues deviendraient peu sensibles si, pour les fortifier, on ne leur prêtait le secours de la symétrie; mais elle n'est pas pour cela, suivant moi, inhérente au rhythme. Cependant, il faut convenir qu'elle ajoute à sa puissance, et que le retour symétrique d'un rhythme lui donne à chaque fois un nouveau degré de force. C'est pour cette raison que ce retour se faisant bien plus naturellement et plus fréquemment dans le rhythme du mouvement que dans celui de la forme, le premier exerce une puissance beaucoup plus grande que le second. En écoutant les coups réguliers frappés sur une enclume, le bruit des fléaux retombant tour à tour sur le blé, les diverses batteries des tambours et même, sans cet auxiliaire, les pas cadencés d'une troupe bien disciplinée, l'on éprouve ce sentiment que produisent l'ordre et la régularité, et qui remue, agite, entraîne. Les effets du rhythme dans le mouvement sont tellement incontestables, qu'ils n'ont pas nécessairement besoin du secours de la mélodie (1), comme on le voit par les exemples que nous ve-

(1) Grétry, dans ses Mémoires, t. I, p. 348, et M. Castil Blaze, dans son Dictionnaire de Musique, t. II, p. 227, disent que si l'on compose plusieurs airs exactement sur le même rhythme, ils auront entre eux un caractère de famille qui permettra, jusqu'à un certain point, de remplacer l'un par l'autre; mais que si, en conservant les mêmes sons se succédant dans le même ordre, on change le rhythme, il en résultera une mélodie toute nouvelle. M. Castil Blaze cite, à ce sujet, un exemple assez singulier : c'est le vaudeville de maître Adam, qui ne diffère de la Musette de Nina que par le rhythme. Dans un extrait donné par la *Gazette musicale* (5e année, no 43), d'un ouvrage écrit en 1751 par C. Fonton, sur la musique des Orientaux, on

nous de donner. Quelques sons disposés sans art, sous le rapport mélodique, un seul même, un simple bruit inharmonique, tel que celui produit par la plupart des instrumens de percussion, répété plusieurs fois, suivant certaines formes rhythmiques, peuvent produire la plus forte impression. Je vais plus loin : certains objets, s'agitant suivant un mouvement mesuré, mais assez loin de nous pour que nous ne puissions point en entendre le bruit, et plus encore, ces mêmes mouvemens rhythmiques, exécutés mentalement et avec persistance, suffiront, on peut en faire l'expérience, pour réveiller ces sensations dans toute leur vivacité. Telle est la puissance du rhythme, tel est le rôle important qu'il est appelé à jouer dans les effets que se promettent la mélodie et l'harmonie (1).

M. Fétis prétend que nos mesures musicales et le rhythme sont deux choses complètement différentes (2). C'est, je crois, une erreur grave. Nos mesures ne sont que les plus simples et

trouve un passage (p. 425) qui pourrait se rapporter à ce qui précède. Il est dit, dans ce passage, que les Orientaux, pour battre la mesure de leurs airs, se servent de certaines formules invariables, mais qui diffèrent entre elles, et qui sont au nombre de trente ; on les nomme *oussouls*. « Lorsque quelqu'un « parmi ces peuples, ajoute l'auteur, veut composer un air, il faut qu'il « choisisse parmi ces *oussouls* celui qui conviendra le mieux à son air, et « qu'il s'en serve de base pour construire dessus ce que son imagination lui « fournira. Ce sera le moule dans lequel l'air sera jeté. De là vient, comme « je l'ai déjà dit, continue le même auteur, que la mesure des Orientaux « leur fait l'office du papier noté, et aide leur mémoire. »

(1) Les anciens attachaient au rhythme une si haute importance ; suivant eux, il agissait en musique avec une telle force, qu'ils disaient, dans leur langage énergique : « Le rhythme est le mâle, la mélodie n'est que la femelle. » (*Voir* la notice sur trois manuscrits grecs relatifs à la musique, par M. A.-J.-H. Vincent. Paris, 1847, p. 197.)

(2) *Revue musicale*, 8e année, p. 34. Lesueur, dans son Exposé d'une Musique une et imitative, exprime la même idée.

les premières combinaisons du rhythme dans le mouvement. Les langues anciennes ayant les syllabes longues très distinctes des brèves, avaient un rhythme fortement accentué; leur poésie surtout, possédait un nombre, une cadence que nos langues modernes ne connaissent plus; et le rhythme musical, dominé et conduit par la puissance du rhythme poétique, en suivait scrupuleusement la marche. Mais plus tard, les langues, en se confondant, se transformant, perdirent successivement les formes et le caractère qu'elles tenaient du rhythme antique. La musique prit alors une allure plus indépendante; elle se forma un rhythme propre à sa mission nouvelle et souvent en désaccord avec les dernières traces rhythmiques dont les paroles étaient encore empreintes. Cette nouvelle musique, s'éloignant plus tard de sa première simplicité, devint plus compliquée, et sa notation fut plus difficile à lire. Afin d'en rendre la lecture moins embarrassante, on imagina, en l'écrivant, de la diviser en fragmens que l'on sépara par des traits perpendiculaires, nommés barres de mesures. Ces barres, d'abord assez éloignées les unes des autres, furent progressivement rapprochées, mais toujours en s'accordant, pour ce rapprochement, avec l'addition d'un certain nombre des plus simples combinaisons rhythmiques. Enfin, rapprochées de plus en plus, elles sont arrivées à indiquer nos mesures actuelles qui ne sont, je le répète, que ces premières et plus simples combinaisons du rhythme dans le mouvement.

Si je ne partage pas l'opinion de M. Fétis, relativement à la différence qu'il prétend exister entre le rhythme et nos mesures musicales, il n'en est pas de même du passage suivant, tiré de son Cours de Philosophie et d'Histoire de la Musique, où il fait très judicieusement observer que nos mesures ne peuvent être que binaires ou ternaires; que la mesure à quatre temps n'est qu'une extension de la division binaire, et que notre oreille est inhabile à saisir la combinaison qui résulte de cinq temps par mesure, qui a été plusieurs fois vainement essayée (1). J.-J. Rousseau, Grétry et Lichtenthal avaient déjà exprimé une idée semblable, mais avec moins de développement. Conséquent avec ce que j'ai dit plus haut, je n'appliquerai pas cette observation seulement aux mesures usitées dans notre musique, mais au rhythme du mouvement en général, et je l'appuierai de quelques remarques qui me sont fournies, soit par l'examen des différentes espèces de pieds employées par les poètes Grecs et Latins, soit par celui des valeurs des temps usitées dans la musique du moyen-âge.

Les principaux pieds dont les Grecs et les Latins se servaient dans leur versification sont au nombre de huit :

Le Spondée, composé de deux syllabes longues, qu'on indique ainsi : - - ;

Le Pyrrhique, de deux brèves, qu'on indique de la manière suivante : ◡ ◡ ;

L'Iambe, d'une brève suivie d'une longue : ◡ - (2) ;

Le Trochée, d'une longue et d'une brève : - ◡ ;

Le Dactyle, d'une longue suivie de deux brèves : - ◡ ◡ ;

L'Anapeste, de deux brèves et d'une longue : ◡ ◡ - ;

Le Molosse, de trois longues : - - - ;

Et le Tribraque, de trois brèves : ◡ ◡ ◡.

Or, de ces huit sortes de pieds : le Spondée, le Pyrrhique, le Dactyle et l'Anapeste, sont évidemment des mesures à deux temps égaux plus ou moins rapides, et l'Iambe, le Trochée, le

(1) *Revue Musicale*, 6e année, p. 156, 1re col. ; 157, 1re col. ; & 163, 1re col.

(2) On sait que, dans les langues grecque et latine, la prononciation de la syllabe brève ne durait que moitié du temps employé à prononcer la syllabe longue.

Molosse et le Tribraque, des mesures à trois temps égaux plus ou moins vifs.

Il y avait bien encore quatre autres espèces de pieds simples, mais elles étaient moins usitées; c'étaient :

L'Amphibraque, une longue entre deux brèves : ◡ - ◡ ;

L'Amphimacre, une brève entre deux longues : - ◡ - ;

Le Bachique, une brève suivie de deux longues : ◡ - - ;

Et l'Antibachique, deux longues suivies d'une brève : - - ◡ .

Le premier est une mesure à deux temps avec une syncope au milieu, et les trois autres peuvent se rapporter à la mesure à cinq temps, dont nous avons parlé plus haut. Mais, je le répète, ces quatre dernières sortes de pieds n'étaient point d'un usage aussi habituel que les précédentes. Quant aux pieds composés, tels que le Dispondée, le Procéleusmatique, le double Trochée, le double Iambe, etc., ils étaient tous formés de deux de ces quatre pieds : le Spondée, le Pyrrhique, l'Iambe ou le Trochée, dont les deux premiers, comme nous l'avons déjà fait observer, sont relatifs à la mesure à deux temps, et les deux autres à la mesure à trois temps (1).

(1) Voici le tableau des pieds composés, qui sont au nombre de seize :

Le Dispondée, deux Spondées : - - - - ;

Le Procéleusmatique, deux Pyrrhiques : ◡ ◡ ◡ ◡ ;

Le double Trochée, deux Trochées : - ◡ - ◡ ;

Le double Iambe, deux Iambes : ◡ - ◡ - ;

L'Antispaste, un Iambe et un Trochée : ◡ - - ◡ ;

Le Choriambe, un Trochée et un Iambe : - ◡ ◡ - ;

Le Grand Ionique, un Spondée et un Pyrrhique : - - ◡ ◡ ;

Le Petit Ionique, un Pyrrhique et un Spondée : ◡ ◡ - - ;

Le Péan, 1re espèce, un Trochée et un Pyrrhique : - ◡ ◡ ◡ ;

2e espèce, un Iambe et un Pyrrhique : ◡ - ◡ ◡ ;

3e espèce, un Pyrrhique et un Trochée : ◡ ◡ - ◡ ;

4e espèce, un Pyrrhique et un Iambe : ◡ ◡ ◡ - ;

Il est donc évident que les espèces de pieds les plus usitées dans les poésies grecques et latines, se rapportent aux combinaisons binaires et ternaires du rhythme, et qu'elles en tirent leur origine.

Passons maintenant aux figures des valeurs de temps employées en musique au moyen-âge. Ces figures, qui ne furent pas toutes inventées à la même époque, étaient au nombre de cinq : la maxime, la longue, la brève, la semi-brève et la minime; chacune d'elles pouvait valoir, suivant les cas, deux ou trois fois la valeur qui lui était immédiatement inférieure, c'est-à-dire que la maxime valait tantôt deux, tantôt trois longues; la longue, deux ou trois brèves, etc. Dans le premier cas, lorsque le rapport était binaire, la note la plus longue était ce qu'on nommait imparfaite; dans le second cas, lorsque le rapport était ternaire, cette même note était parfaite. Ainsi, une maxime parfaite valait trois longues, et l'imparfaite n'en valait que deux; la longue parfaite valait trois brèves, et l'imparfaite deux seulement, et de même pour toutes les autres valeurs. Les combinaisons binaire et ternaire du temps mesuré se retrouvent donc encore dans les premiers essais faits au moyen-âge d'une mesure musicale absolue et indépendante de toute quantité prosodique.

La musique, une fois entrée dans cette nouvelle voie, développa successivement ses premiers essais. De nouvelles variétés de mesure furent imaginées, puis tour-à-tour abandonnées et reprises; mais ces variétés, bien qu'assez nombreuses, bien qu'elles se succèdent depuis plus de 800 ans (1), se rapportent

L'Epitrite, 1re espèce, un Iambe et un Spondée : ◡ – – – ;
2e espèce, un Trochée et un Spondée : – ◡ – – ;
3e espèce, un Spondée et un Iambe : – – ◡ – ;
4e espèce, un Spondée et un Trochée : – – – ◡ .

(1) Les premiers essais d'une mesure musicale indépendante du rhythme poétique ont eu lieu entre 850 et 1050.

toutes aux combinaisons binaire et ternaire. L'imagination vive, ardente des compositeurs, excitée par le besoin d'exprimer tous nos sentimens, toutes nos passions, n'est cependant point sortie de ce cercle. On a des mesures binaires à subdivisions binaires, d'autres mesures binaires à subdivisions ternaires, et des mesures ternaires à subdivisions ou binaires ou ternaires; telles sont, par exemple, les mesures à 4 temps, à $\frac{2}{4}$; ou à $\frac{6}{4}$, à $\frac{12}{4}$; ou à $\frac{3}{2}$, à $\frac{3}{8}$; ou enfin à $\frac{9}{8}$, à $\frac{9}{16}$, etc.; mais toutes ces variétés ne sortent point des combinaisons et subdivisions de temps par deux ou par trois, et le très petit nombre d'essais d'une mesure à cinq temps, qu'on a tentés à différentes époques, toutes, je crois, assez rapprochées de nous (1), n'ont point eu de suite, et n'ont servi qu'à prouver que notre oreille, comme le dit M. Fétis, saisit mal les rapports de cette combinaison (2).

Ainsi, dans le système métrique de la poésie des anciens, dans les premiers essais d'une mesure purement musicale et indépendante du rhythme poétique faits au moyen-âge, et dans notre musique moderne, nous retrouvons les mêmes

(1) Boieldieu, dans son opéra de la Dame Blanche, et Reicha, dans un de ses quintettes, ont employé la mesure à cinq temps. Catel en a donné un exemple dans le solfège du Conservatoire; le dictionnaire de J.-J. Rousseau en offre un essai, et cet auteur rapporte (article mesure) qu'Adolfati, dans son opéra d'Ariane, représenté en 1750, fit entendre un air composé dans cette mesure. M. Fétis, Dictionnaire des Musiciens, en citant ce fait, ajoute qu'Adolfati, à ce que l'on prétend, avait imité cet effet de Marcello. Il est possible que d'autres essais de mesure à cinq temps aient été faits, mais ils ne sont point parvenus à ma connaissance.

(2) Dans l'extrait déjà cité de l'ouvrage de C. Fonton, sur la musique des Orientaux, cet auteur dit (*Gazette Musicale*, 5e année, p. 425) que la mesure musicale de ces peuples est divisée, comme la nôtre, en *deux temps, le parfait et l'imparfait*. Ces expressions me semblent devoir s'entendre, comme chez nous, des temps ou mesures binaire et ternaire.

élémens binaire et ternaire dans la combinaison des temps rhythmiques.

Maintenant, pourquoi notre oreille est-elle mal habile à saisir les rapports de la combinaison de temps par cinq ? Cette question délicate n'est peut-être pas facile à résoudre ; cependant, je vais essayer d'exposer mes idées à ce sujet.

Je déterminerai d'abord ce qu'on doit entendre par un temps rhythmique.

L'homme, dans toutes ses actions, et principalement dans celles qui sont longtemps répétées, éprouve, pour faciliter ses mouvemens, et souvent à son insu, le besoin de les mesurer ; il en règle naturellement la lenteur ou la rapidité suivant les dispositions où il se trouve. Est-il triste, abattu ? ils sont lents ; est-il gai, dispos ? ils sont vifs et précipités. Sous l'influence des mêmes dispositions, ses paroles, ou les sons inarticulés de sa voix, suivent une mesure analogue, et deviennent ainsi plus ou moins imitatifs de ses actions ou de ses sentimens. Dans ce langage, dans cette suite de mouvemens mesurés, le temps que l'homme met à exécuter chacun de ces mouvemens, à prononcer chaque syllabe, ou à proférer chaque son inarticulé, est un temps rhythmique, et le rhythme n'est que le rapport qui existe entre plusieurs de ces temps. L'art dont le domaine s'étend sur toute la nature physique ou morale, mais qui ne doit nous offrir qu'une nature de choix, en s'emparant de ces rapports comme moyen puissant d'effet, les a réglés et s'en est servi pour mesurer le langage poétique, alors qu'il était métrique ; aujourd'hui que la poésie a perdu ce précieux avantage, ces rapports rhythmiques se bornent à mesurer la durée relative des valeurs des notes, des phrases et des périodes musicales.

Après avoir ainsi déterminé ce que c'est que le temps rhythmique, d'abord dans la nature, puis réglé par l'art, nous dirons que dans la combinaison artificielle de ces temps, par quelque nombre qu'elle s'opère, et en les supposant d'une égale durée, le besoin de régularité dans le mouvement que l'homme éprouve, l'entraîne, par une impulsion spontanée, à marquer avec plus de force le premier temps de chaque groupe. Ce premier temps est ce qu'on nomme le temps fort, quoiqu'il ne soit pas en réalité plus long que les autres, mais seulement plus marqué. Lorsque cette combinaison a lieu suivant l'ordre binaire ou l'ordre ternaire, ce premier temps, ce temps fort, revenant de deux en deux, ou de trois ou trois, produit une impression qui n'a pu être effacée par le temps ou les temps intermédiaires, et c'est cette impression réitérée qui constitue l'effet et la puissance du rhythme. Dans la mesure à quatre temps, proprement dite, les temps forts ne revenant que de quatre en quatre, sont séparés par un plus grand nombre de temps intermédiaires, et l'effet qu'ils produisent, moins souvent répété, n'a plus autant de force; la périodicité est moins sensible; aussi, le besoin d'un retour périodique plus fréquent fait que presque toujours les mesures à quatre temps se sous-divisent, à l'exécution, en deux parties égales, dont la première est composée du temps fort, suivi d'un temps faible, et la seconde d'un temps moins fort que le premier, suivi du temps le plus faible des quatre. Dans la mesure à cinq temps, le retour de la période, encore plus éloigné, se fait conséquemment beaucoup moins sentir, et si, comme le dit M. Fétis, l'oreille n'apprécie les rapports de cette combinaison par cinq, qu'en la subdivisant en une mesure à deux temps et une autre à trois temps, l'effet de la symétrie est encore moins sensible, puisque, dans ce cas, le retour symétrique de la mesure à deux temps ne revient qu'après une mesure à trois temps, et celui de la mesure à trois temps qu'après une mesure à deux temps, ce qui place les temps forts à des intervalles inégaux, et jette de la confusion et du trouble dans la perception de l'effet (1).

Dans les combinaisons de temps par six, par sept et par des nombres plus élevés, le retour périodique, toujours plus éloigné, se ferait de moins en moins sentir. C'est ce dont on peut faire l'expérience en comptant des séries de six, de sept, de huit ou même d'un plus grand nombre de temps égaux, et marquant fortement le premier temps de chaque série, tandis qu'on ne comptera les autres que mentalement. On s'apercevra facilement que plus ces combinaisons se feront par des nombres élevés, plus l'effet du premier temps sera atténué, et par suite plus ces combinaisons perdront de leur énergie. Si, après cette première expérience, on compte, toujours dans le même mouvement, des séries de six ou de huit temps, mais en marquant les temps impairs et surtout le premier temps de chaque série, et ne comptant que mentalement les temps intermédiaires, on reconnaîtra que, sans que l'on ait accéléré le mouvement, ces combinaisons prendront un caractère plus prononcé, plus animé. Ce retour des temps forts (indépendamment de l'effet produit par la rapidité avec laquelle les temps se succèdent), lorsqu'il est fréquent, contribue donc puissamment à donner de la vigueur au rhythme, mais la lui fait perdre à mesure qu'il

(1) Depuis que ce mémoire est écrit, et il a été communiqué à l'Académie des Beaux-Arts de l'Institut à la fin de l'année 1844, j'ai lu dans un ouvrage de M. Benloew sur l'accentuation des langues indo-européennes, imprimé en 1847, un passage trop important pour que je ne le transcrive pas ici en entier : « De même que le péan métrique – ᴗ ᴗ ᴗ est une chose disgrâcieuse, pour ne pas dire impossible en poésie, de même le péan logique (c'est-à-dire une syllabe accentuée suivie de trois qui ne le sont pas), est intolérable en prose, et les rapports de 2 : 1 ou de 1 : 1 sont aussi nécessaires à la distribution heureuse des idées qu'à celle des valeurs prosodiques (p. 74.) »

s'éloigne, jusqu'à en détruire complètement l'impression. J'en donnerai pour preuve la mesure dite à un temps, qui n'est en réalité qu'une mesure à trois temps, que la rapidité du mouvement force à battre, même par la pensée, comme une mesure à deux temps inégaux, le premier double du second. Deux de ces mesures, en changeant les noires en croches, et ainsi de suite des autres valeurs, peuvent correspondre à une mesure à $\frac{6}{8}$, et s'exécuter dans le même espace de temps que cette dernière qui, à la rigueur, peut les remplacer, le temps fort ne devant revenir alors que moitié moins souvent. Hé bien ! si, de deux mesures n'en faisant qu'une seule, on note en mesure à $\frac{6}{8}$ des morceaux conçus et faits pour être écrits en mesure dite à un temps, on affaiblira leur caractère, on détruira, pour ainsi dire, leur physionomie, par le retour moins fréquent des temps forts. Tous les musiciens ont pu faire cette épreuve, et ils ne me contesteront pas ce que j'avance. A l'appui de mon opinion, je produirai un autre exemple, puisé dans le premier sextuor de H. Bertini. Le dernier morceau de ce sextuor est un *allegro* en $\frac{2}{4}$, qui se termine par un *presto* à *quatre temps*. Les noires du *presto* sont plus vives que celles du $\frac{2}{4}$ qui précède : les valeurs employées sont généralement moindres et conséquemment plus rapides ; cependant, l'ensemble de ce *presto* a quelque chose de moins animé que le caractère du mouvement précédent, et cela tient évidemment, selon moi, à ce que, dans celui-ci, les temps forts reviennent de deux en deux temps, tandis que dans le *presto*, ils ne reviennent que de quatre en quatre. A ces deux exemples, j'en ajouterai un autre plus à la portée de tout le monde, et tiré des batteries des tambours : le *pas accéléré* est une mesure à deux temps, et le *pas de charge*, au contraire, rentre dans la mesure dite à un temps ; or, en les écoutant, on reconnaîtra sans peine que, dans le premier, le temps fort ne revient que de deux en deux temps, ou de deux en deux pas, tandis que dans le second, qui est bien plus animé sans que la marche soit plus précipitée, il se fait sentir deux fois plus fréquemment, c'est-à-dire à chaque pas des soldats (1).

Qu'il me soit permis de signaler ici ce que je crois être une erreur échappée à M. Fétis, parmi tant de vérités qu'il a mises au jour. Cet auteur prétend que « dans le *largo* à quatre temps, la division sensible de la mesure est au moins à seize temps, » et que « les variétés appréciables de la mesure appartiennent plutôt aux mouvemens modérés qu'aux mouvemens excessivement lents ou rapides (2). » Ne résulterait-il pas de là qu'on

(1) Depuis quelques années on fait usage, dans les armées françaises, d'un nouveau pas, le *pas de course*, pour lequel le soldat marche par enjambées rapides. Dans cette marche, les enjambées ou les pas sont plus précipités que ceux du *pas de charge*, du moins quand on le commence ; toutefois, ce dernier, quoique moins vif, joint à plus de fermeté plus d'animation.

Voici la batterie du *pas de course*, qui est à deux temps, comme celle du *pas accéléré* :

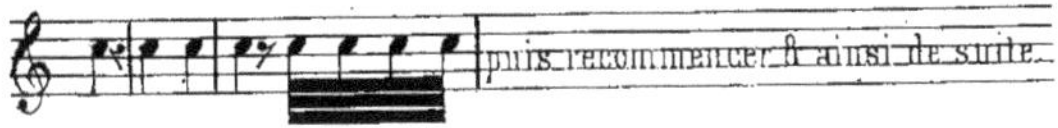

(2) Cours de philosophie de la musique, *Revue Musicale*, 6e année, p. 161. Dans *la Musique à la portée de tout le monde*, 2e édition, p. 46, M. Fétis dit que « dans les mouvemens tels que l'*adagio*, le *largo*, le rhythme est presque « nul. » Et un peu plus loin, que « la musique dépourvue de rhythme est vague « et ne peut se prolonger sans faire naître l'ennui; » comment concilier ces deux passages avec l'effet saisissant et si généralement senti d'un grand nombre d'*adagios* de Haydn, de Mozart, de Boccherini, de Beethoven et d'Onslow?

pourrait écrire un *largo* en mouvement *allegro*, et un *vivace*, ou un *prestissimo*, en mouvement modéré, en augmentant ou diminuant les valeurs? Si on en fait l'essai, on reconnaîtra bientôt le mauvais effet qui en résultera, non seulement pour les exécutans, qui ont la musique sous les yeux, mais encore pour les auditeurs qui, sans en apprécier peut-être la cause, seront frappés d'un vice secret dans l'exécution; cette imperfection aura sa source dans la difficulté qu'éprouveront les exécutans à saisir le sens et à rendre l'expression de phrases écrites dans des mesures, des mouvemens qui ne conviennent pas au caractère de ces phrases, ou que, s'ils saisissent cette expression, ils seront arrêtés dans le libre enthousiasme nécessaire pour la rendre, par la disposition écrite des temps forts et des temps faibles, en opposition avec celle que réclame le sens du morceau (1).

(1) Je citerai, à cette occasion, un passage fort remarquable du *Dictionnaire de Musique* de Lichtenthal. Il est enfin reconnu, dit cet auteur, que toute espèce de mesure peut se distinguer par le mode d'exécution, de manière que plus la valeur des notes composant une mesure est petite, plus, en général, une composition sera exécutée avec douceur; *et vice versâ*, plus la valeur est grande, plus l'exécution sera énergique. C'est ainsi, par exemple, qu'on exécute différemment les noires dans un *allegro* que les double-croches dans un *largo*, quoique ces dernières aient à peu près la même durée que les premières dans leur mouvement respectif. En considérant la chose sous cet aspect, on reconnaît que les différentes espèces de mesures offrent au compositeur un puissant moyen pour caractériser sa composition, et qu'il devient par là très important de choisir la mesure la plus convenable. Les anciens compositeurs étaient si rigoureux sur ce point, que parfois ils écrivirent même en mesures à $\frac{2}{16}$ et à $\frac{3}{16}$.

La difficulté qu'on éprouve à comprendre des phrases écrites dans d'autres mesures que celle qu'elles réclament, me rappelle une anecdote dont le souvenir me plaît d'autant plus qu'il me reporte à un des beaux jours de ma vie. J'avais 19 ans et demi, je venais d'obtenir le Grand-Prix de composition à l'Institut, et il s'agissait des répétitions de ma scène; Méhul, mon

Jusqu'ici, en parlant des combinaisons de temps rhythmiques et en posant en principe qu'elles ne peuvent être que binaires ou ternaires, j'ai toujours supposé ces temps égaux. Lorsqu'ils sont inégaux, il est à remarquer que les temps les plus brefs doivent, en général, observer, relativement aux temps longs, ces mêmes rapports binaires ou ternaires, c'est-à-dire que deux ou trois, quatre ou six des temps brefs, doivent égaler en durée un temps long, de manière à reproduire, dans les combinaisons et l'ensemble des uns et des autres, ces rhythmes simples que je nommerai primitifs ou principaux, composés de deux ou trois temps égaux. S'il en était autrement, si, par exemple,

maître, après avoir examiné ma partition, me dit que l'*allegro* qui termine le premier air ne produirait pas d'effet, qu'il manquait de mélodie. A ces paroles, je fus cruellement désappointé; je comptais sur la finale de ce morceau. Le sujet de la scène était Héro et Léandre. Dans le *cantabile* de l'air en question, Héro implore Vénus en faveur de son amant; elle la supplie de veiller sur celui qui, pour la rejoindre, affronte les vagues de l'Hellespont; pendant l'*allegro* qui suit, au milieu des élans de son amour, elle peint les terreurs que lui causent le moindre bruit, un retard, la mer et jusqu'au zéphyr qui agite ses fanaux. Vers la fin de cet *allegro*, tandis que l'orchestre continue à exprimer les diverses pensées qui agitent Héro, je fais reprendre, par la voix, la prière du commencement du *cantabile*; mais le mouvement étant le double plus vite, les blanches du chant deviennent ici des rondes, les noires des blanches, etc. Cette différence, dans les valeurs, avait empêché Méhul de reconnaître la cantilène, d'en saisir le caractère, l'expression, et m'avait attiré ce reproche de manquer de mélodie en cet endroit. Aux études préparatoires, j'eus soin de bien faire comprendre ma pensée à Mlle Himm, qui chantait cette scène, et à la répétition générale, arrivé au passage sur lequel Méhul m'avait si fort inquiété, j'eus la satisfaction de voir sur les visages de ceux qui m'entouraient, que j'avais obtenu l'effet que je désirais. Je dis alors tout bas à Méhul, qui avait été induit en erreur par cette différence dans les valeurs: il me semble, cependant, que cela ne fait pas trop mal. Sa réponse fut un sourire.

deux ou trois des temps brefs valaient, en durée, un peu plus ou un peu moins d'un temps long, la proportion serait détruite, et la régularité dont l'homme éprouve le besoin inné, dans ce qui tient au mouvement, n'existerait plus.

De tout ce qui précède, je conclus que dans la combinaison des temps rhythmiques d'une égale durée, l'homme, poussé par le besoin inné de régularité dans le mouvement, est porté à les grouper préférablement par deux ou par trois; que dans les groupes plus nombreux, la périodicité ne se fait pas sentir à lui d'une manière suffisante; que les groupes par quatre, qui s'emploient quelquefois sans subdivision apparente, ne sont cependant qu'une extension de la combinaison binaire, et que, relativement aux groupes par cinq, ceux-ci ne pouvant être subdivisés que par des fractions, alternativement de deux et de trois qui sont inégales et n'ont point de connexité, il en résulte pour l'esprit une confusion gênante. Je conçois des groupes isolés de cinq, de six temps rhythmiques et même plus nombreux; mais si plusieurs groupes de l'un de ces nombres et de temps égaux se succèdent, il faut qu'ils puissent être subdivisés suivant l'ordre binaire ou l'ordre ternaire; autrement, le premier temps de chaque groupe, les temps forts, se trouvant trop éloignés, la régularité ne se ferait plus suffisamment sentir. Je conclus en outre que dans les combinaisons de temps rhythmiques inégaux ou subdivisions de temps, les mêmes proportions, binaire ou ternaire, doivent aussi être observées, sauf quelques rares exceptions qui ne font que confirmer la règle. Enfin, que moins les temps forts sont séparés par des temps secondaires, plus le rhythme acquiert de puissance, témoin celui de la mesure à trois temps très rapides, que la vivacité du mouvement force à battre en marquant un temps fort, suivi seulement d'un temps moitié plus faible, et qui, de tous les rhythmes, est un de ceux qui a le plus de vigueur et d'entraînement.

Dans l'analyse que nous allons donner des principales combinaisons rhythmiques, nous procèderons, en commençant, par les plus simples. La première qui se présente en suivant cet ordre, est la combinaison binaire sans subdivisions et dans sa forme primitive, origine de la mesure à deux temps. Dans un mouvement modéré, elle correspond au *spondée* des anciens; dans un mouvement vif, c'est leur *pyrrhique*. Le spondée est grave et lent; il entrait principalement dans la composition des vers hexamètres et élégiaques, qui s'employaient, le premier pour les sujets sérieux, tranquilles et nobles; le second pour les sentimens mélancoliques et tristes. Rollin cite un vers de Virgile où une suite de spondées exprime, dit-il, admirablement l'ombre épaisse des arbres qui inspire de l'horreur (1). Le pyrryque, au contraire, est léger; il dominait dans une danse célèbre chez les anciens, à laquelle il a donné son nom, qu'il caractérisait, et où de jeunes enfans, de jeunes hommes figuraient les manœuvres et les mouvemens animés des soldats. Or, le rhythme à deux temps non subdivisés, pris dans différens degrés de mouvement, depuis les plus lents jusqu'aux plus vifs, est propre à exprimer ces différentes sensations et ces divers caractères. On conçoit qu'il est difficile, sinon impossible, de tracer d'une manière rigoureuse le tableau du degré de mouvement qui convient à chacun de ces sentimens; mais si l'on voulait donner ici, à cet égard, seulement quelques aperçus, on pourrait dire, ce me semble, que le rhythme à deux temps égaux, sans subdivisions, pris dans le mouvement *andante*,

(1) Rollin, Cours d'études, Paris, 1732, t. I, p. 362. On trouve, dans la Grammaire de Port-Royal (Paris, 1696, p. 764), plusieurs exemples de l'emploi du spondée, tirés de Virgile, et il est dit dans le même ouvrage (p. 765) que, suivant Erythrée, les vers hexamètres étaient, dans l'origine, tout composés de spondées.

s'harmonise bien avec la tranquillité ; plus lent, avec la noblesse ; plus encore, avec le caractère sérieux, et qu'en le ralentissant toujours davantage, il peut exprimer la mélancolie, la tristesse et cette sorte de stupeur dont parle Virgile. Si, au contraire, de l'*andante* on l'accélère progressivement jusqu'au *presto*, il conviendra à certains degrés d'animation, de vivacité, à la joie, à une gaîté sémillante, à la légèreté. Quelques exemples confirmeront ce que j'avance ; je les présenterai dans le même ordre que je viens de suivre, c'est-à-dire en commençant par les mouvemens modérés pour passer aux plus lents, puis ensuite aux plus animés.

Je puiserai le premier exemple dans le charmant couplet de *Richard-Cœur-de-Lion : Un bandeau couvre les yeux*. Cet exemple et le suivant expriment bien, selon moi, un caractère tranquille.

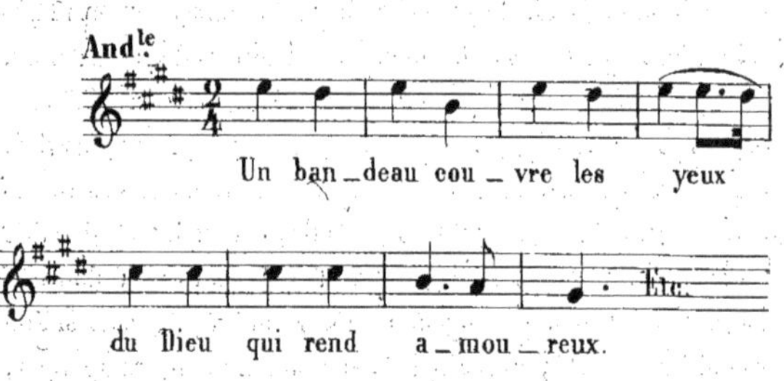

Les deux exemples ci-après, tirés de la *Médée*, de Cherubini et d'un quatuor de Mozart, appartiennent au caractère noble.

Médée, finale du IIe acte.

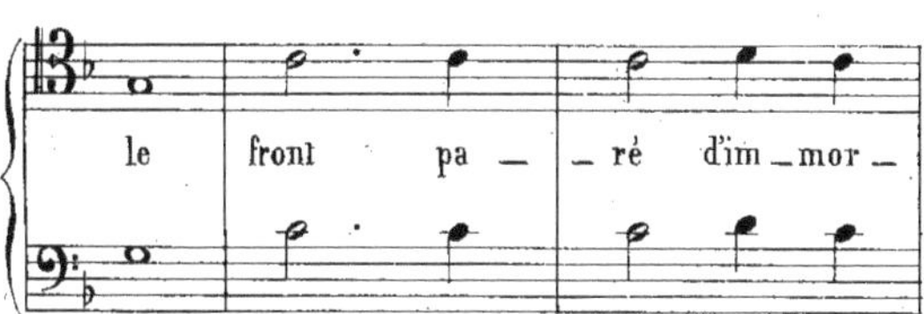

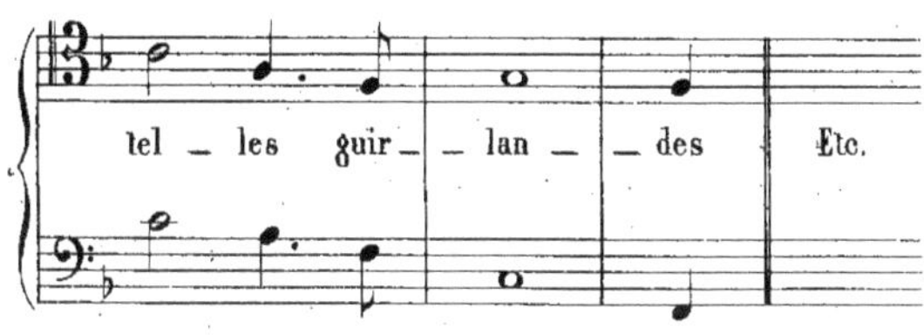

(1) Il faut s'attacher principalement à la partie instrumentale, la différence qui se trouve dans la partie vocale, à la première mesure, provenant des exigences de la prosodie.

Mozart, Op. 10, quartetto 4.

Les deux suivans au caractère sérieux :

Haydn, Op. 75, quartetto 2.

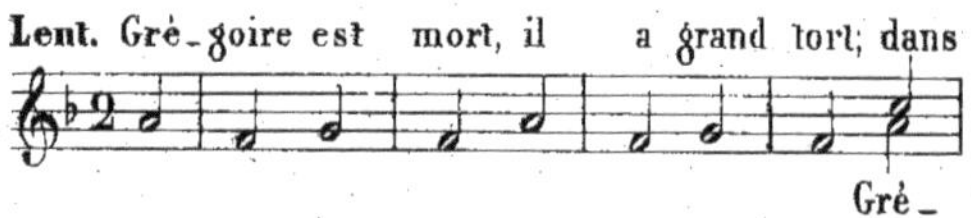

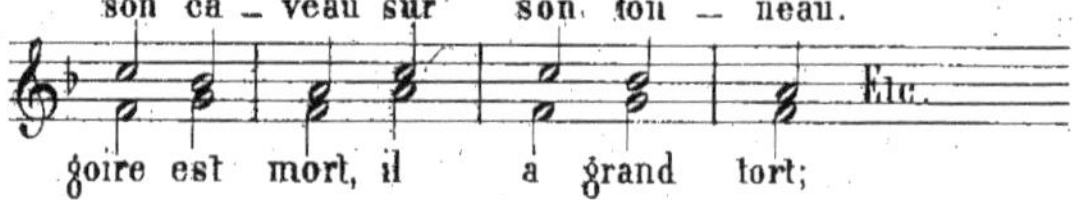

Le *Devin du Village*, de J.-J. Rousseau, me fournit un exemple qui exprime parfaitement la mélancolie.

(1) Quoique dans le premier de ces deux exemples, la mesure soit marquée à 4 temps, le rhythme est réellement à deux temps. Il en est de même de quelques-uns des autres exemples qui suivent. Ainsi, dans le *Crucifixus* de Cherubini, le rhythme vocal est évidemment à deux temps, mais on bat la mesure à quatre temps pour faciliter l'exécution.

Le Devin du Village, scène Ire.

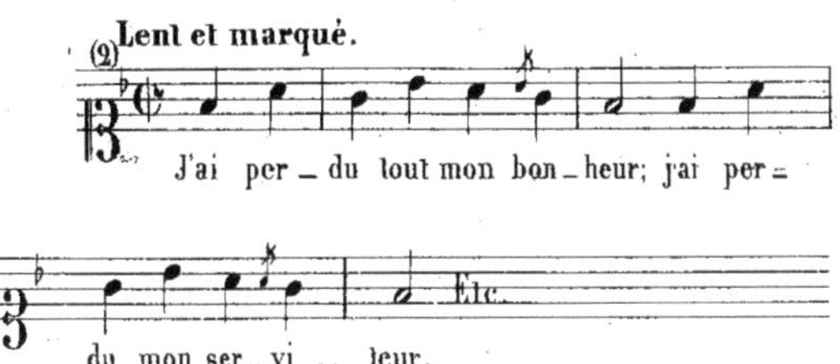

A côté de cet exemple, il est curieux de comparer comment Gluck, dans *Armide*, se sert de ce même rhythme pour peindre la mollesse.

Armide, acte IV, scène II, air de ballet.

(1) La mesure est marquée à 2 temps, ou C barré, mais le rhythme est à $\frac{2}{4}$.

(2) Les blanches ont ici à peu près le même mouvement que les noires dans l'exemple précédent.

Pour l'expression de la tristesse, je citerai les deux chœurs des prêtresses, au quatrième acte de l'*Iphigénie en Tauride*, de Gluck.

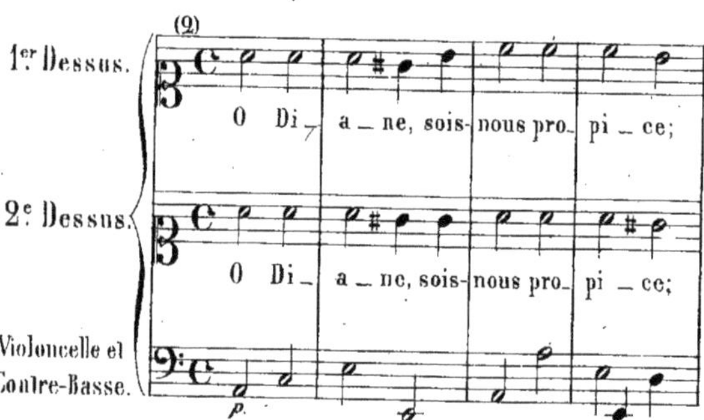

(1) Le mouvement n'est point marqué dans la partition, mais on comprend assez que c'est un mouvement *lent*, comme pour l'exemple précédent.

Et pour une tristesse plus profonde encore, l'admirable *Crucifixus* de la messe en *fa,* à trois voix, de Cherubini.

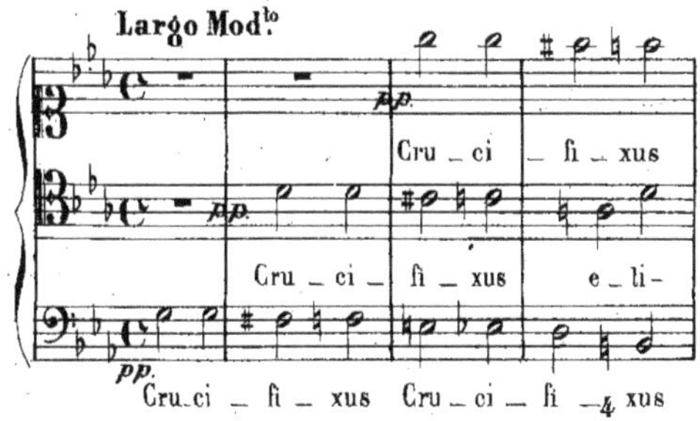

Enfin, qui ne connaît l'effet du tintement lugubre et lent de la cloche annonçant l'agonie d'un mourant, et celui des coups frappés à d'assez longs intervalles sur les tambours, aux cérémonies funèbres, et entrecoupant les roulemens que font entendre ces instrumens pendant la marche. Chacun a pu observer que le chant de la chouette, qui procède également par notes isolées, a quelque chose d'affligé et de profondément triste.

Passant aux mouvemens plus vifs que l'*andante*, j'offrirai plusieurs exemples dont le caractère animé est de plus en plus prononcé.

Je citerai d'abord le thême de cette symphonie de Haydn, première de l'œuvre 51.

Ensuite, cet air de danse de l'*Iphigénie en Tauride*, de Gluck.

Iphigénie en Tauride, acte Ier, scène IV.

Puis la seconde partie du thême du chœur suivant d'*Uthal*, de Méhul.

Uthal, no 8.

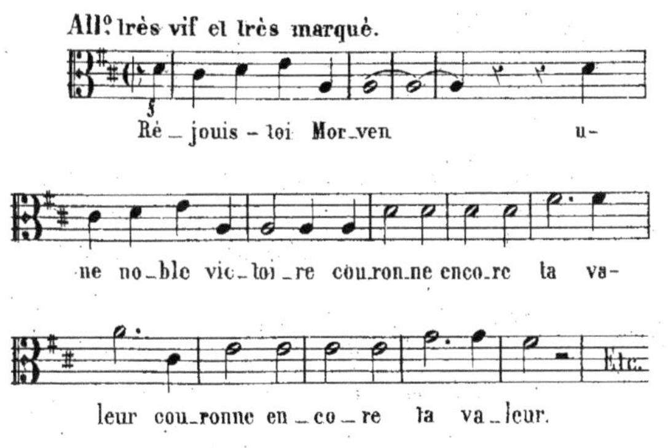

Ce chœur des *Huguenots*, de M. Meyerbeer.

Les Huguenots, n° 1.

Et cet autre chœur, ainsi que l'air de ballet qui suit, l'un et l'autre tirés de l'*Iphigénie en Tauride*, de Gluck, et dont l'effet, à la scène, est saisissant.

Iphigénie en Tauride, acte Ier, scène III.

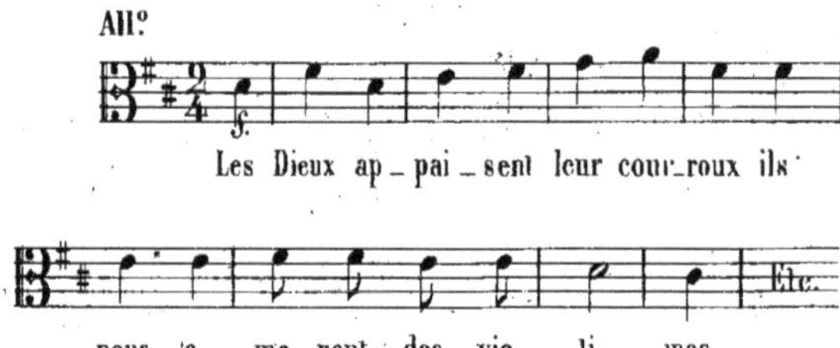

Iphigénie en Tauride, acte Ier, scène IV.

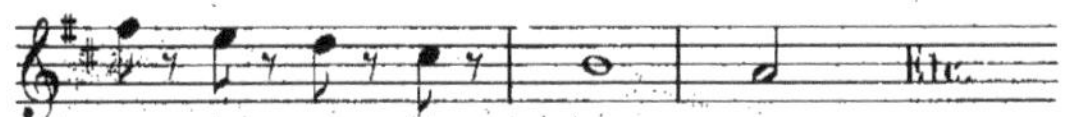

(1) J'ai dit plus haut, à l'occasion de quelques-uns des exemples cités, qu'il arrive parfois que, bien que la mesure soit marquée à quatre temps, le rhythme n'en est pas moins à deux temps ; ici, au contraire, le rhythme est redoublé dans chaque mesure, et c'est un véritable pyrrhique revenant deux fois par mesure : en un mot, le rhythme est comme si, en conservant les mêmes valeurs, on écrivait ce morceau en $\frac{2}{4}$, de cette manière :

Cette observation est applicable aux quatre exemples qui suivent, c'est-à-dire que, bien que la mesure soit à $\frac{2}{4}$, le rhythme est réellement en $\frac{2}{8}$, du moins quant aux passages cités.

On ne doit pas conclure de cette remarque que le rhythme et la mesure sont deux choses complètement différentes, comme l'a avancé M. Fétis, et ce que j'ai combattu ; mais ainsi que dans les mouvemens lents, et pour faciliter l'exécution, on bat quelquefois la mesure à quatre temps, quoique le rhythme ne soit réellement qu'à deux temps par mesure, de même, et par le même motif, il arrive parfois que dans les mouvemens vifs, on bat la mesure le double plus lentement que la marche du rhythme ; en d'autres termes, la

Le même auteur, dans son *Iphigénie en Aulide*, a placé, au ballet du second acte, un chœur de Thessaliens, où le rhythme de l'orchestre nous rappelle cette célèbre danse pyrrhique des anciens, particulièrement pendant le chant de Patrocle.

Voici ce chant :

Iphigénie en Aulide, acte II, scène III.

combinaison rhythmique revient, dans ce cas, deux fois par chaque mesure. N'arrive-t-il pas encore que, pour des mouvemens extrêmement lents, et la mesure étant remplie par une ronde, on ne se contente pas de la battre à quatre temps, et qu'on subdivise encore chaque temps en deux, comptant toutes les croches? C'est le contraire qui, pour la mesure à trois temps excessivement rapides, l'a fait considérer comme une mesure à un seul temps, et nommer ainsi. D'où je conclus que la mesure et le rhythme sont loin de différer complètement. La seule nuance qu'ils pourraient offrir, c'est que pour faciliter l'exécution, on est quelquefois obligé de battre plusieurs temps de mesure pendant la durée d'un temps rhythmique, ou de renfermer plusieurs temps rhythmiques dans un seul temps de la mesure.

vain s'op_po_se_ront à sa va_leur al_liè_re;
sous les murs d'I_li_on, at_teints et ren_ver-
sés, Hec_tor et les Troy_ens vont
mor_dre la pous_siè_re. Sous les
Etc.
Etc.

Ce même rhythme d'un mouvement un peu moins vif que dans les derniers exemples, et exprimant une douce gaîté, se retrouve dans le thême d'un air de danse, au troisième acte du *Moïse,* de Rossini (en français), et reparaît d'une manière plus développée, après un point-d'orgue, à la *Coda* de cet air.

Moïse, IIIe acte, 2e air de ballet.

Il est plus animé et extrêmement saillant dans le chœur du Marché de *la Muette.*

La Muette, acte III, no 11.

Enfin, le rhythme des deux exemples suivans exprime une joie très vive et folle.

Haydn, quatuors, Op. 74 ou 82, 2e part., 1er quatuor, finale, répétition du thême.

Haydn, quatuors, Op. 33, 3e quatuor. Rondo.

Afin de les rendre plus frappans, j'ai choisi des exemples où les valeurs mélodiques s'accordent en général avec les temps rhythmiques. Cette concordance est loin d'exister toujours ; si elle était obligatoire, il en résulterait une monotonie qui deviendrait insupportable. Mais, loin de là, souvent la mélodie procède par des valeurs plutôt accentuées que rhythmiques; d'autres fois elle suit un rhythme différent de celui de l'orchestre, et de tous ces mélanges, de ces combinaisons, résultent les effets qui nous charment et nous entraînent.

On comprend aisément qu'en citant ces exemples, je ne prétends pas qu'ils sont l'application rigourense des principes que j'ai posés, ou plutôt simplement indiqués; car, en semblable matière, il est difficile de tracer des règles absolues. Les sensations que nous éprouvons peuvent être modifiées de tant de manières par nos dispositions naturelles, par les circonstances qui nous environnent, par les souvenirs du passé, par nos espérances ou nos appréhensions pour l'avenir, qu'elles se présentent tour-à-tour sous des aspects et des nuances infiniment variées. Il en est de même de l'expression d'un rhythme que peut sensiblement modifier le caractère mélodique ou l'accent de la phrase musicale, l'harmonie dont on l'accompagne, et le genre de sonorité des voix ou des instrumens qui seront employés. Il ne s'agit donc point ici de prescrire des lois invariables, mais seulement de présenter des indications, d'esquisser des caractères qui servent à diriger dans le choix du rhythme qu'on devra préférer suivant les circonstances; autrement, la musique ne serait plus un art d'imagination, mais un art purement mécanique, où tout le mérite se réduirait à ajuster avec plus ou moins d'adresse, des pièces de rapport. On voudra bien ne pas perdre de vue que ces réflexions s'appliquent non-seulement aux exemples que je viens de donner, mais à ceux que j'aurai occasion de présenter encore dans la suite de ces observations.

Avant de passer à l'examen d'un autre rhythme, j'ajouterai, relativement à celui dont je viens de parler, qu'en le commençant par le temps faible ou le temps levé, il a quelque chose de moins ferme, de moins arrêté, et conséquemment plus d'abandon et de laisser-aller. Cela s'explique facilement. Si l'on commence par le temps levé, le rhythme vient ensuite, pour ainsi dire, retomber sur le temps fort, tandis qu'en commençant par le temps frappé, il prend tout d'abord un caractère ferme et arrêté. C'est encore une nuance qui viendra au besoin modifier les différens caractères que j'ai indiqués plus haut, et donner plus de négligence à la tranquillité, plus de douceur à la mélancolie, ou modérer l'expression trop vive de la joie. C'est ce que l'on peut vérifier en comparant quelques-uns des exemples précédens. Ainsi, le thème du quatuor en *ré* mineur de Haydn, et le canon populaire qui le suit, appartiennent au caractère sérieux; mais le premier a quelque chose de bien plus grave que le second, et cela tient, entre autres causes, à ce qu'il commence en frappant. L'air de danse d'*Armide*, cité deux exemples plus loin, et qui respire la mollesse et la volupté, commence en levant. Enfin, les deux derniers exemples expriment, l'un et l'autre, une gaîté très vive; cependant le dernier, qui commence en frappant, porte évidemment le cachet d'une joie plus folle, et je donnerai, plus loin, une preuve que ce caractère est, en général, celui de tout le morceau dont cet exemple est tiré.

Les caractères que j'ai attribués au rhythme à deux temps égaux, pris dans différentes nuances de mouvement, appartiennent aussi au rhythme composé de trois temps égaux non subdivisés, origine de la mesure à trois temps, avec cette différence que ce rhythme étant plus développé, donnera aux phrases musicales des formes plus larges et un tour plus gracieux, conséquemment l'expression des sentimens qui exigent du développement et de la grâce y gagnera, tandis qu'au contraire, celle des sentimens vifs et animés y prendra une teinte moins prononcée. Ainsi, avec ce rhythme, la tranquillité sera plus calme; la noblesse plus noble encore; la mélancolie plus triste; la tristesse plus profonde, et la vivacité, la joie, seront moins vives et plus tempérées (1). Pour s'assurer de ce que j'avance, il suffirait peut-être de battre des séries de deux et de trois temps, n'importe dans quel mouvement, mais en conservant toujours au temps sa même durée. Si l'on bat ces temps dans un mouvement lent, on reconnaîtra que, par séries de trois, le rhythme a un caractère plus sérieux et plus grave ; si on les bat dans un mouvement vif, le rhythme, lorsqu'on suivra le même ordre de série, aura une expression plus calme et plus posée que si on les bat à deux temps. Mais quelques exemples notés ajouteront un nouveau degré d'évidence à cette preuve.

Dans ce bel air de basse-taille de la *Création*,

La Création, 2e partie, air de Raphaël.

les noires ont à peu près le même mouvement que dans le couplet de *Richard Cœur-de-Lion : Un bandeau couvre les yeux*, et cependant on sent aisément, sans qu'il soit nécessaire d'insister, que le premier de ces morceaux est d'un caractère bien plus grave. Il en est de même de ce chœur d'*Alceste*, en $\frac{3}{2}$, comparé avec le thême du quatuor en *ré mineur* de Haydn (2).

(1) On peut produire une preuve très-frappante et à la connaissance de tous ceux qui s'occupent un peu de musique, du caractère plus animé de la mesure à deux temps. Cette preuve, je la trouve dans l'effet que produisent les passages en deux temps introduits quelquefois par les compositeurs dans les morceaux en trois temps. On sait que ces passages ont toujours une animation, un en train d'une grande puissance.

(2) Il ne faut pas oublier la note qui accompagne cet exemple.

Alceste de Gluck, acte Ier, morceau final de la scène IV.

Sans lenteur.

Si l'on compare l'air de J.-J. Rousseau : *J'ai perdu tout mon bonheur*, avec le thême suivant d'un *adagio* de Haydn, on reconnaîtra sur-le-champ que dans celui-ci le tour de la phrase a plus de développement (1).

Haydn, quatuors, Op. 74 ou 82, 1re part., 2e quatuor.

Enfin, si l'on rapproche le chœur des *Huguenots : Bonheur de la table*, de ce chœur d'*Orphée :*

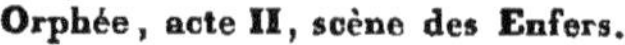
Orphée, acte II, scène des Enfers.

et le chœur d'*Iphigénie en Tauride : Les dieux appaisent leur courroux*, de ce thême d'un quatuor de Haydn :

Haydn, Op. 74 ou 82, 2e part., 3e quatuor.

(1) J'ai déjà fait observer que dans l'air de J.-J. Rousseau, le rhythme est à $\frac{2}{4}$, quoique la mesure soit composée de quatre noires.

on s'apercevra facilement que, de ces quatre exemples, les deux en trois temps ont quelque chose de moins animé. J'ai toujours soin de comparer des exemples où les mêmes valeurs ont à peu près le même mouvement.

J'ai essayé de mettre à deux temps ce chœur du *Moïse* de Rossini :

(1) Ne pouvant pas mettre de paroles à cette partie, lorsque je la réduis en deux temps, je n'en ai point mis ici non plus, afin que la comparaison soit plus complète et se fasse d'une manière plus égale.

Voici ce même chœur en deux temps :

Allegretto.

Il ne m'a pas été difficile de juger qu'en deux temps le tour de la phrase, plus brusqué, n'a pas à beaucoup près la même grâce.

Mais je peux produire un exemple célèbre, où la différence entre le rhythme à trois temps et celui à deux temps est d'autant plus remarquable, que ces deux rhythmes marchent ensemble; je veux parler de la scène du bal, dans *Don Juan*. Je donne seulement ici les deux cantilènes du menuet et de la contredanse.

Extrait du final du IIe acte de Don Juan.

Mes recherches m'ont amené à découvrir un fait qui peut-être a été remarqué par bien peu de personnes, et qui me semble concluant en faveur du principe que j'avance. On sait que dans les quatuors, quintettes et autres compositions de ce genre, les derniers morceaux doivent avoir, en général, un caractère animé, et que les tours gràcieux et expressifs, les larges développemens dominent ordinairement dans les adagios et les andantés. Hé bien, sur dix-neuf quatuors, quintettes ou trios de Mozart, il n'y a qu'un seul dernier morceau en trois temps, et ce n'est pas son meilleur; tous les autres sont en deux temps, ou en quatre temps, qui est une extension de la mesure à deux temps, ou bien en $\frac{6}{8}$, qui en est un dérivé. Dans les adagios ou andantés, on en trouve onze en mesure à trois temps, et dix en mesure à deux temps ou dans l'un de ses dérivés (1). Sur cin-

(1) L'une de ces compositions contient deux adagios, et une autre un adagio et un andanté, ce qui fait le nombre de 21, dépassant de deux celui des derniers morceaux.

quante-six quatuors de Haydn (1), il n'y a que deux derniers morceaux en trois temps, et ils font partie des derniers œuvres de quatuors composés par cet homme célèbre à un âge avancé; vingt-un adagios ou andantés sont en trois temps; le reste, ainsi que les autres derniers morceaux, est en mesure à deux temps, ou dans l'un de ses dérivés. Enfin, Beethoven, le novateur Beethoven, dans ses trios, quatuors et quintettes pour instrumens à cordes, suit la même impulsion et à peu près dans une proportion semblable (2). Ce fait m'a paru très remarquable.

L'observation que j'ai faite au sujet du rhythme à deux temps égaux, sur le caractère moins ferme, moins arrêté, sur l'espèce de laisser-aller de ce rhythme lorsqu'il commence en levant, est applicable de tout point au rhythme à trois temps égaux.

Dans un mouvement lent, on pourrait nommer ce rhythme spondaïque à trois temps, et dans un mouvement vif, pyrrhique à trois temps (3), par opposition au spondaïque et au pyrrhique à deux temps, dont nous avons parlé plus haut.

Dans le rhythme à trois temps égaux, lorsque la phrase musicale est conçue de manière que les deux premiers temps sont remplis par une seule note, et le troisième par une valeur qui nécessairement alors est de moitié moins longue que la précédente, l'absorption par la mélodie du second temps, qui se trouve en quelque sorte ainsi confondu avec le premier, la prolongation de durée qui semble en résulter pour ce premier temps, donnent au rhythme un caractère particulier qui le rend propre

(1) J'ai consulté, pour les quatuors de Haydn et de Mozart, l'édition de ces œuvres publiée par Imbault.

(2) La même épreuve faite pour les quintettes de M. Onslow, m'a donné les mêmes résultats.

(3) Ne leur trouvant pas d'équivalent dans notre langue, et ne voulant pas inventer des termes nouveaux, je me sers des termes anciens, en leur donnant quelquefois, comme ici, une plus grande extension.

à exprimer une marche pesante et boîteuse. Je ferai ici une remarque qui me semble digne d'attention. Ce rhythme, ainsi disposé, est le *trochée* des anciens, et nous trouvons dans Aristote que, « Lorsque réduite à un chœur de paysans, la tragédie « n'était encore pleine que de chants et de danses rustiques, « elle employait le vers tétramètre qui n'est composé que de « trochées. » Or, ce même rhythme ou un rhythme analogue, la mesure à $\frac{6}{8}$, est encore employé de nos jours pour les morceaux de musique d'un caractère champêtre (1). Cet usage, si long et presque immémorial, est, suivant moi, une preuve suffisante que l'emploi de ce rhythme, pour les chants et les danses rustiques, est le produit d'un sentiment naturel, inné, et la nature même. Dans la suite de ces observations, j'aurai occasion d'appuyer, par de semblables preuves l'emploi de la plupart

(1) La mesure à $\frac{6}{8}$ est une mesure à deux temps qui peut être composée de deux trochées, un pour chaque temps, comme il suit :

ou quelquefois subdivisés de la sorte :

C'est rhythmée de l'une ou l'autre manière, qu'elle est fréquemment employée pour les morceaux d'un caractère champêtre. M. Fétis, dans le Dictionnaire qui est à la suite de *la Musique mise à la portée de tout le monde*, s'exprime ainsi à l'art. de la *Loure :* « C'est un air de danse en « mesure binaire à temps ternaires, qui était autrefois en usage dans le « midi de la France. Son rhythme avait de l'analogie avec celui de l'air ap- « pelé Sicilienne. » M. Castil-Blaze, dans son Dictionnaire, s'exprime à peu près de la même manière.

des autres rhythmes dont je parlerai, et j'espère qu'il en résultera cette conviction que mes principes ne s'écartent point de la nature et de la vérité.

On pourra m'objecter, je le sais, que ce rhythme trochaïque entrait, dominait même dans le vers saphique, employé pour les hymnes religieux, et, d'un autre côté, que plusieurs auteurs attribuent à ce même rhythme un caractère léger, sautillant, ce qui, d'une et d'autre part, est en opposition avec la pesanteur, la marche boiteuse que je prétends lui appartenir. D'abord le mot *léger* doit ici se prendre, à mon avis, dans le sens de *vif*; c'est la légèreté des paysans, toujours un peu pesante. Une démarche, quoique boiteuse, peut en même temps être animée. Voyez, dans leurs danses, les habitans de la campagne s'appuyer pesamment sur un pied pour s'élancer, puis retomber lourdement et s'élancer encore, n'est-ce pas la marche pesante du trochée, que l'abbé Arnaud, d'après les anciens, nous dit être sans *force* et sans *noblesse*? Le caractère *mou* et *languissant* que d'autres lui attribuent peut également lui appartenir suivant le degré du mouvement et le genre de la mélodie (1), car ce qui est *languissant* et *mou* est naturellement privé de *noblesse* et de *force*, a quelque chose de *pesant* et incline vers une marche *boiteuse*. Quant à l'emploi du trochée dans le vers saphique, dont on faisait usage pour les hymnes chantés dans les temples en l'honneur des dieux, je ferai observer qu'un certain degré de pesanteur s'allie fort bien avec la gravité religieuse, et que d'ailleurs, dans le vers saphique, les trochées étaient entremêlés de spondées.

Qu'on ne m'accuse pas de raisonner d'une manière commode. En musique, on ne peut exprimer que par des analogies. En

(1) Chez les anciens, la marche des différens rhythmes pouvait être plus ou moins lente ou rapide. (Voir la notice déjà citée sur les manuscrits grecs relatifs à la musique, par M. A.-J.-H. Vincent, p. 213.)

effet, quels rapports directs peut-il exister entre les effets physiques de la nature, tels que le lever du soleil, l'agitation des flots, la profondeur des vallées, l'élévation des montagnes, ou bien entre nos sentimens, la tendresse, la pitié, la haine, l'effroi, et les sons de notre musique? Mais si ces rapports n'existent pas directement, ils existent cependant : ainsi, une marche ascendante pourra exprimer l'élévation des montagnes; une marche descendante et une harmonie grave, la profondeur des vallées; un orchestre fortement mouvementé, l'agitation des flots; une mélodie, j'entends une mélodie purement instrumentale (1), où domineront les intervalles peu étendus et les accens intimes, nous disposera à la tendresse; celle où ces accens passeront brusquement de l'aigu au grave, et seront accompagnés d'une harmonie stridente, nous rappellera la haine et ses horribles cris. Ces moyens ne seront pas applicables à l'expression d'une seule passion, d'un seul objet; mais tous ceux qui ont une certaine analogie, seront susceptibles d'être exprimés par l'emploi intelligent des ressources musicales dont les effets ont de la similitude. Ainsi, la gravité religieuse et la pesanteur dans la marche, peuvent être exprimées par des moyens à peu près semblables; ainsi, l'allure du trochée, pesante dans un mouvement modéré, peut caractériser, lorsqu'on presse le mouvement, une fermeté même très prononcée; il semble avoir ainsi donné naissance au rhythme pointé, le plus ferme de tous, et dont je parlerai plus tard.

Des exemples vont justifier cette assertion.

Le rhythme ternaire, ai-je dit, a une marche boîteuse et pesante, lorsque les deux premiers temps sont remplis par une seule valeur, et le troisième par une autre valeur qui, nécessairement alors, doit être moitié de la première. Grétry,

(1) Dans la musique vocale, les paroles fixent l'expression.

dans *Richard Cœur-de-Lion*, à l'arrivée de Mathurin et de sa femme, fait précisément usage de ce rhythme pour exprimer la pesanteur de la marche chez les vieillards (1).

Richard Cœur-de-Lion, 1er acte; introduction.

Quant à son expression boîteuse, si je n'en donne pas un exemple pour un cas spécial (car je ne sache pas qu'on ait fait jamais figurer un boîteux dans un opéra), il suffira de donner

(1) L'abbé Barthelemy, dans Anacharsis (Paris, 1821. — T. III, p. 83.), dit que les anciens poëtes dramatiques se servaient quelquefois du *trochée* pour faire mouvoir les chœurs des vieillards sur la scène.

(2) J'ai toujours entendu faire ici un ralentissement qui n'est point marqué dans la partition, mais qui, en effet, est indispensable, ce passage ne pouvant pas se chanter d'un mouvement animé comme le chœur qui précède et qui suit.

ici sa notation simplement rhythmique, pour qu'on reconnaisse sans peine ce que j'avance.

All°

Tant qu'aux exemples du caractère champêtre de ce rhythme, je n'aurais que l'embarras du choix, et pour l'éviter, je prends au hasard. J'en trouve un dans le chœur *allegro* de l'introduction de *Richard*, que je viens de citer.

Richard Cœur-de-Lion, 1er acte, introduction.

Boccherini m'en offre plusieurs, mais je me contente d'en donner trois.

Boccherini, quintetti, Œuv. 12, 6e quintetto.

Pastorale.

(1) Le mouvement n'est pas déterminé dans la partition d'une manière bien précise, mais il doit être *allegretto*.

Boccherini, quintetti, Œuv. 13, 6e quintetto, l'Uccelliera.

Boccherini, quintetti, Œuv. 37, 4e quintetto.

L'*adagio*, le *scherzo* et le *final* de la symphonie pastorale de Beethoven, m'offrent aussi l'emploi de ce rhythme.

Beethoven, symphonie pastorale,

Scène près d'un ruisseau.

Réunion joyeuse des villageois.

(1) La mélodie procède ici par notes égales ; mais, attendu la rapidité du mouvement, le rhythme appartient à la mesure dite à un temps, c'est-à-dire à la mesure à trois temps rapides, où les deux premiers se confondent, pour ainsi dire, en un seul double du troisième, ce qui constitue un véritable trochée.

Chant des bergers, — Sentiment de joie et de reconnaissance après l'orage.

Dans le *Messie* de Handel, il sert à annoncer les bergers.

HANDEL, le Messie, no 11, édit. de Gasse, Symphonie pastorale.

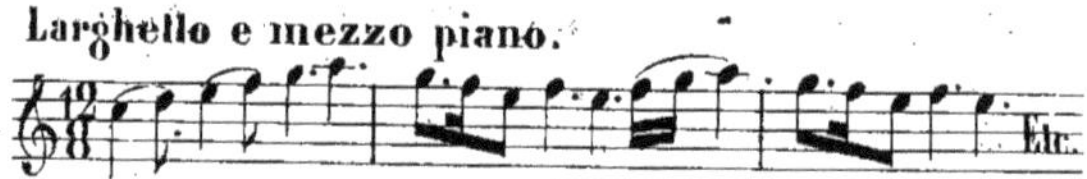

On le retrouve encore dans deux chœurs de pasteurs qui commencent l'un l'opéra de *Guillaume-Tell*, l'autre celui de la *Dame Blanche*.

ROSSINI, Guillaume-Tell, Ier acte. Introduction.

Boieldieu, la Dame Blanche, acte Ier, no 1.

Je ne pousserai pas plus loin les citations relatives au caractère champêtre de ce rhythme.

Ce même rhythme, ai-je dit encore, peut convenir, suivant le caractère de la mélodie, à une certaine langueur. J'offrirai à cet égard deux exemples : l'un que je puiserai encore dans *Richard-Cœur-de-Lion*, ce sont les couplets chantés au premier acte par Antonio ; l'autre est la romance de Dellamaria : *Lorsque dans une tour obscure.*

Richard-Cœur-de-Lion, acte Ier, scène 1re.

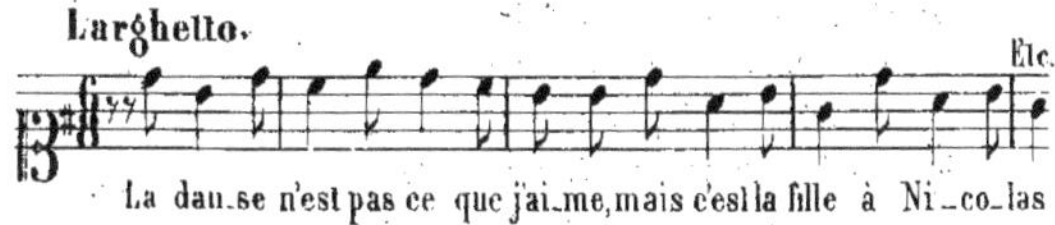

Dellamaria, le Prisonnier.

Pour l'emploi de ce rhythme, lorsqu'il s'agit du sentiment religieux, j'indiquerai plusieurs proses de l'Office divin, et je transcrirai, entr'autres, celle de la Pentecôte, qui passe pour une des plus anciennes, et dont on attribue les paroles et la musique à Robert, roi de France.

Prose du dimanche de la Pentecôte.

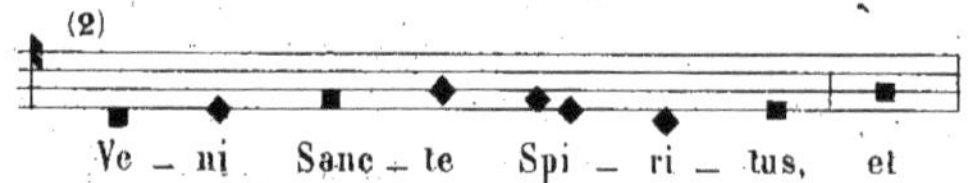

Traduction en notes modernes :

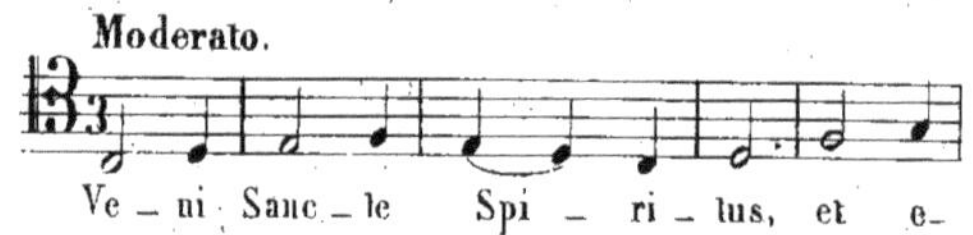

(1) N'ayant point la partition sous les yeux, je ne puis marquer le mouvement indiqué par l'auteur, mais il doit être *andante*.

(2) M. Fétis, dans sa méthode élémentaire de plain-chant, donne plusieurs versions de cette prose ; j'ai préféré celle du Graduel de Rouen, qu'il dit être, et qui est, en effet, d'un rhythme plus régulier.

Il faut cependant convenir que si ce chant et ceux du même genre que renferme le Graduel ont, dans un mouvement large, une certaine gravité imposante, ils n'ont pas l'onction noble de quelques autres chants de l'Eglise (1), et que leur marche est un peu lourde.

Enfin, dans les exemples suivans, ce rhythme a une fermeté très prononcée; mais quoiqu'il se prête à l'expression de la noblesse, dans la symphonie héroïque, on sent qu'il ne perd jamais totalement son caractère boîteux.

HAYDN, quatuors, Op. 55, 3e quatuor.

BEETHOVEN, symphonie héroïque.

(1) Depuis que ce mémoire est écrit, j'ai lu dans de savans articles de M. Fétis, sur les origines du *Plain-Chant*, publiés par la *Revue de la Musique religieuse*, que dans les premiers temps où le chant des hymnes fut introduit dans les offices de l'Eglise, il était dépourvu de rhythme, et que les auteurs de ces chants, pour leur conserver un caractère majestueux, sacrifièrent le mètre poétique, qui leur aurait donné une allure saccadée et sautillante. Ce n'est que vers le milieu du XVIIIe siècle qu'on prit l'habitude de les rhythmer. (*Revue de la Mus. relig.*, 1847, p. 143, 144 et 154.)

Il est à remarquer que, parmi ces exemples, celui relatif à une marche pesante, quatre de ceux où il s'agit du caractère champêtre, et l'un de ceux qui expriment la tendresse mêlée à une certaine langueur, commencent en levant; cette disposition donne au rhythme en général, je l'ai déjà fait observer, moins de fermeté et plus de laisser-aller : expression qui convient bien dans ces diverses circonstances; et, au contraire, que celui du caractère religieux et ceux où ce rhythme a une expression ferme, commencent sur le temps fort.

Après avoir examiné les deux premières et principales combinaisons rhythmiques dans leur plus grande simplicité, sans subdivision de temps, d'où sont nées les mesures à deux et à trois temps, passons à l'examen du rhythme où l'un ou plusieurs des temps sont subdivisés. La subdivision d'un temps rhythmique a pour effet de lui donner une allure plus animée, mais en même temps de lui ôter de sa force en ajoutant à celle du temps qui le suit. Plus la subdivision d'un temps se fera par des valeurs brèves, plus l'animation sera grande, mais aussi plus ce temps perdra de sa force. De l'application de ce principe, il résulte que si je divise un temps faible en valeurs moyennes, c'est-à-dire, les temps étant représentés, je suppose, par des noires, si je subdivise les temps faibles en croches, je ne change pas sensiblement le caractère du rhythme, et je ne fais que le rendre plus animé, en même temps qu'il acquiert de la fermeté. Si je fais cette subdivision par des doubles croches, le rhythme sera plus modifié, et il prendra un caractère prononcé d'agitation; si je la fais par des triples croches, le *tremolo* qui en résultera sera propre à exprimer un grand trouble.

Le premier de ces rhythmes, une noire suivie de deux croches, ou d'autres valeurs dans des rapports semblables, telles qu'une croche suivie de deux doubles-croches, est le *dactyle* des anciens. C'était un des pieds les plus usités de leur poésie, et dans la nôtre, toute dénuée qu'elle est de cadence métrique, il se rencontre souvent; car, après les rhythmes les plus simples, composés de temps égaux, c'est un des plus naturels à l'homme. Les poètes de l'antiquité s'en servaient pour exprimer les sentimens animés, tels que la joie, la légèreté, et Cicéron dit qu'il convient particulièrement pour célébrer les actions des grands hommes et des héros. En accélérant le mouvement, son caractère animé peut être porté jusqu'à la plus vive agitation/ Quant aux autres subdivisions du temps faible, par trois, par quatre, par six, enfin, quant à tous les dérivés du rhythme dactylique, en les portant jusqu'au mouvement fébrile du *tremolo*, on conçoit que, depuis les plus lents jusqu'aux plus précipités, il y a une foule de nuances d'animation dont le tableau ne pourrait être qu'une ébauche, et resterait toujours incomplet. La division des temps faibles étant la plus naturelle et la plus usitée, les exemples se présentent en foule, mais je me bornerai à en choisir quelques-uns.

Les cinq que je produis d'abord, nous offrent le rhythme dactylique pur, à différens degrés d'animation. Dans le quatuor d'*Iphigénie en Aulide*, il exprime ce bonheur ineffable qu'on éprouve lorsqu'un grand malheur cesse de peser sur nous; plus animé dans le finale d'*Armide*, il indique l'agitation que causent à cette célèbre magicienne les conjurations de la Haine pour chasser l'amour de son cœur et y régner à sa place; dans le trio du *Pré aux Clercs*, c'est la joie vive de deux amans qui, après de pénibles obstacles, viennent enfin d'être unis; dans l'air admirable des *Noces de Figaro*, c'est ce trouble vague des passions chez un adolescent; enfin, le passage cité de l'air d'*Alceste* nous peint l'exaltation d'une mère, d'une épouse qui, brisant les liens si chers qui l'attachent à la terre, se dévoue à la mort pour sauver son époux.

Gluck, Iphigénie en Aulide, acte III, scène VIII.

(1) Le mouvement n'est point indiqué dans la partition, mais il m'a semblé qu'il devait être le même que pour le morceau précédent.

(2) Quoique la mesure soit ici marquée à deux temps ou C barré, on peut considérer que le rhythme est à $\frac{2}{4}$, ou autrement, ce qui peut-être est plus conforme au caractère du morceau, c'est la portion faible de chaque temps qui est ici divisée par deux, et la combinaison rhythmique revient alors

Gluck, Armide, acte III, scène IV.

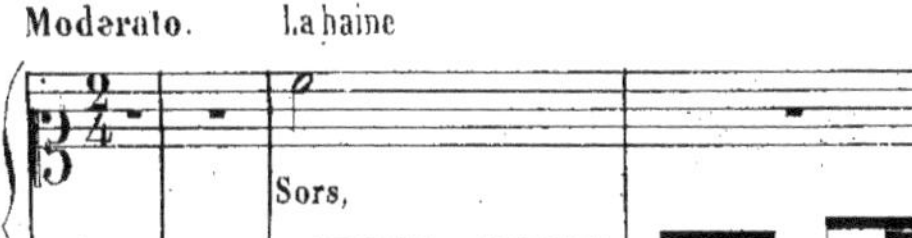

Hérold, le Pré aux Clercs, trio, nº 11.

deux fois par mesure. Cette dernière manière d'envisager le rhythme par rapport à la mesure, est applicable aux trois exemples suivans, ainsi qu'à d'autres qu'on trouvera plus loin.

Mozart, Nozze di Figaro, atto 1º, aria nº 6.

Gluck, Alceste, acte 1er, scène VII.

L'exemple ci-après nous offre la division du temps faible par trois, exprimant l'agitation et la terreur de la scène où Gesler, dans l'opéra de *Guillaume-Tell*, poursuit ce libérateur de la Suisse pour avoir sa tête.

Rossini, Guillaume-Tell, acte IV, finale, p. 817.

Allº vivace.

pp

Dans les quatre exemples qui suivent, où les temps faibles sont divisés par quatre, l'expression des mêmes sentimens a un caractère plus prononcé, surtout au troisième, à raison de la rapidité des notes brèves eu égard aux notes longues, et au quatrième, parce que la division a lieu dans les voix mêmes et à l'unisson.

Rossini, Guillaume-Tell, acte Ier, finale, p. 290.

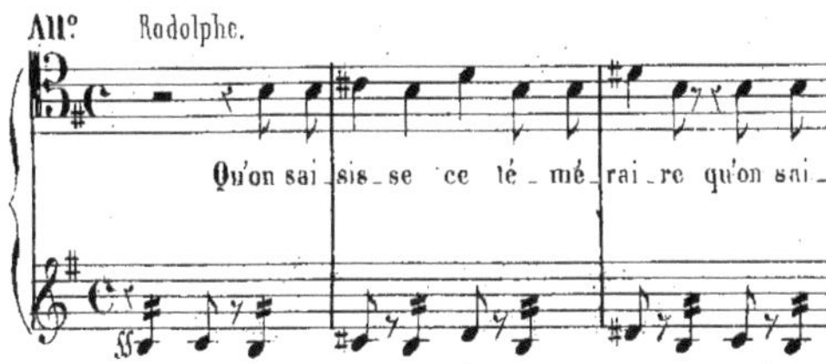

Cherubini, Médée, acte II, scène VII, p. 285.

Mouvement de marche.

(1) Les *sforzando* ne sont qu'une accentuation qui ne change rien ici au rapport des valeurs rhythmiques. On trouvera plus loin d'autres exemples auxquels cette observation est également applicable.

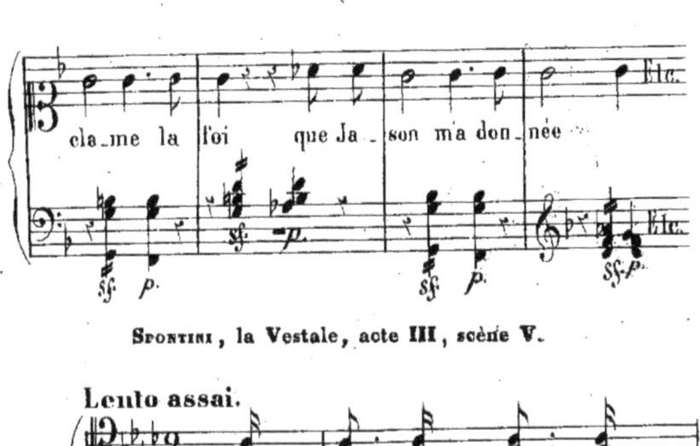

Spontini, la Vestale, acte III, scène V.

Lento assai.

M. Halévy, la Juive, finale du IIIe acte, p. 498.

La même division dans cet exemple, tiré de *la Vestale,* exprime le trouble de l'amour.

Spontini, la Vestale, acte II, scène III, duo, n° 11.

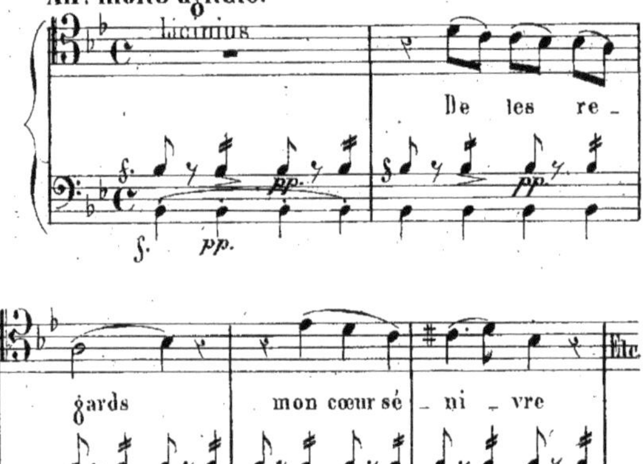

Dans ce passage de *Guillaume-Tell*, la division par huit nous fait partager la stupeur des personnages au moment où Guillaume, au péril de sa vie, entreprend de sauver un pauvre berger de la fureur des soldats de Gesler.

Rossini, Guillaume-Tell, acte Ier, finale, p. 270.

Enfin, dans ce dernier exemple, extrait de l'ouverture du *Mont-Saint-Bernard*, de Cherubini, le *tremolo* de seize par temps nous rappelle et réveille en nous cette muette, cette sombre terreur qui précède et semble annoncer la terrible avalanche.

CHERUBINI, Eliza, ou le Mont-Saint-Bernard, ouverture, p. 5.

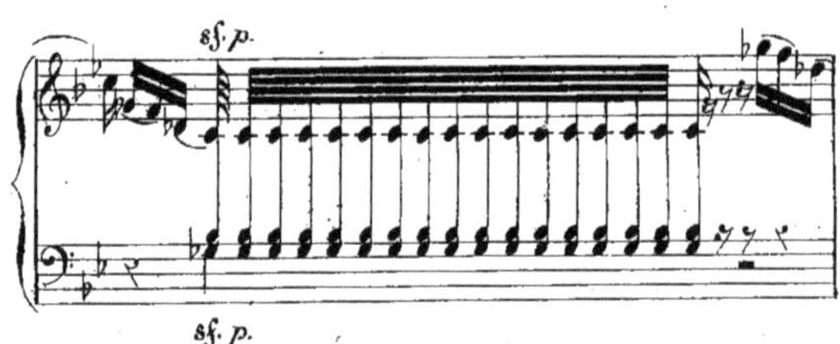

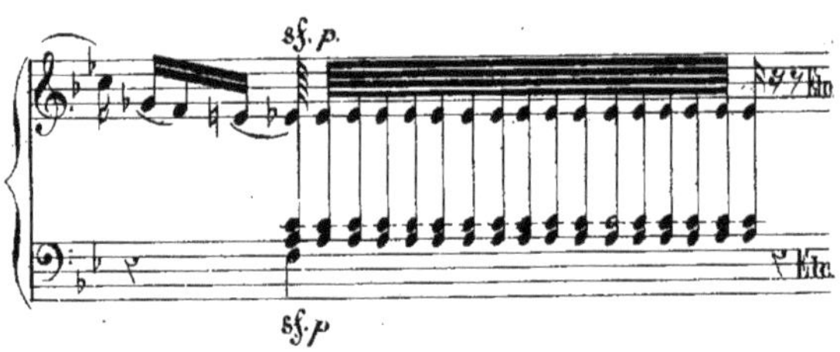

L'observation suivante achèvera de démontrer que la division d'un temps ajoute à la force de celui qui le suit immédiatement.

Si, dans une mesure à deux temps, je divise le temps faible en valeurs moyennes, je ne change pas sensiblement, comme je l'ai déjà dit, le caractère du rhythme. Il en est de même si je fais cette division au troisième temps d'une mesure à trois temps; mais si elle a lieu au second temps d'une mesure à trois temps, le rhythme en éprouve un changement notable par la puissance qu'acquiert le troisième temps, dont la force devient alors presqu'égale à celle du premier. Cet effet sera trop aisément senti pour qu'il soit nécessaire d'insister autrement qu'en le présentant ici sous la forme de notes musicales.

La dernière de ces formes rhythmiques a une expression plus agitée que la précédente. On pourrait lui donner le nom d'*Anapeste-mixte;* l'article suivant justifiera cette appellation.

La subdivision du temps fort peut se faire par deux, par trois, par quatre, par six, etc., comme celle du temps faible; elle a pour résultat de changer complètement le caractère du rhythme; car elle intervertit l'ordre naturel, né de ce besoin de régularité dans le mouvement inné chez l'homme; elle ôte sa force au temps fort, la fait passer au temps faible, et même, dans la mesure à trois temps, au plus faible des trois, au second temps. Aussi, selon les différens degrés de mouvement, et suivant le caractère de la mélodie, elle est propre à exprimer tout ce qui est opposé à l'ordre, depuis la simple négligence jusqu'au désordre le plus absolu. Chose très remarquable, l'*anapeste,* qui est l'élément du rhythme dont nous parlons ici, était, dans l'ordre binaire, fort en usage chez les anciens, pour les poésies légères et anacréontiques, où il faut de l'abandon et une certaine négligence. C'est aussi ce rhythme dont se servit Tyrtée pour ranimer le courage des Lacédémoniens, abattu par des pertes réitérées; or, dans le dernier effort de ce peuple, il devait nécessairement y avoir un sentiment de fureur, violent et désordonné (1).

Dans l'ordre binaire, c'est-à-dire comme dans cet exemple :

je nommerai ce rhythme *anapeste à deux temps*; et dans l'ordre ternaire, ou ainsi qu'il suit :

anapeste à trois temps; et à l'appui de l'opinion que j'émets sur son caractère et sur l'expression de ses dérivés, je pourrais citer les nombreux exemples qui ont formé ma conviction, mais je me contenterai d'offrir les plus remarquables qui, je l'espère, seront trouvés concluans.

Les cinq premiers sont empreints de ce laisser-aller, de cette grâcieuse négligence, dont l'expression a tant de charme. Pour le troisième, il ne peut y avoir de doute sur l'intention de l'auteur, le mot *innocente* qui accompagne l'indication du mouvement, fait assez connaître sa pensée.

(1) Le nom d'*anapeste* vient d'un mot grec qui signifie *frapper à contre-temps*; et, dans l'origine, le vers anapestique était composé de quatre anapestes. (Encyclopédie, t. I, p. 406, col 2. Grammaire de Port-Royal, Paris, 1696, p. 781.)

HAYDN, quatuors, Op. 74 ou 82, 2e partie, 1er quatuor.

Andante grazioso.

BOCCHERINI, quintettes, Œuv. 12, 5e quintette.

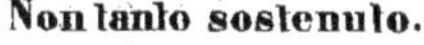

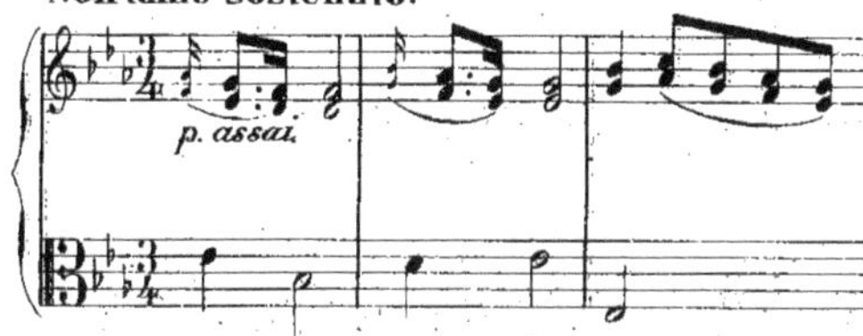

M. Onslow, Op. 45, 20e quintette.

Si, au lieu d'écrire la romance du *Pré-aux-Clercs* comme Hérold l'a conçue, on la commençait en levant, ainsi qu'il suit, aurait-elle la même naïveté, la même grâce? Assurément, la réponse négative ne peut être douteuse.

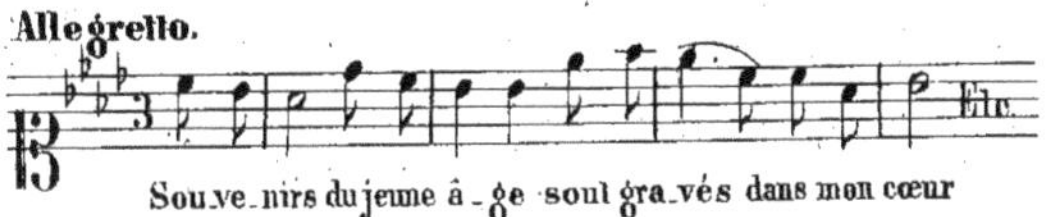

Si l'on compare les deux rondes suivantes, on reconnaîtra de suite que la première, celle d'*Aline*, qui commence par deux notes brèves en levant, est d'une gaîté plus vive, plus animée; tandis que la seconde, où les deux brèves sont en frappant, a plus de naïveté et de laisser-aller. Celle-ci, je le sais, est d'un mouvement moins vif que la précédente; mais il est possible de l'animer un peu et de ralentir l'autre, de manière à les ramener à peu près au même mouvement, et la différence que j'ai signalée se fera toujours sentir dans leur caractère respectif.

Berton, Aline, IIe acte.

Boieldieu, le Petit Chaperon-Rouge, acte Ier, n° 5.

La *Gazette Musicale* (2e année, p. 64), donne des airs Tyroliens et Wirtembergeois que nous reproduisons ici, du moins les premiers et un de ces derniers. Dans les premiers, l'*anapeste* se fait particulièrement sentir; dans l'air Wirtembergeois, c'est le rhythme *spondaïque à trois temps* qui domine; or, de l'article d'où sont extraits ces chants, et d'un autre du même journal (4e année, p. 21), sur les airs populaires du Tyrol, il résulte que le Tyrolien des vallées est d'un caractère gai et un peu insouciant, tandis que les Wirtembergeois sont d'un naturel plus sérieux.

Airs Tyroliens.

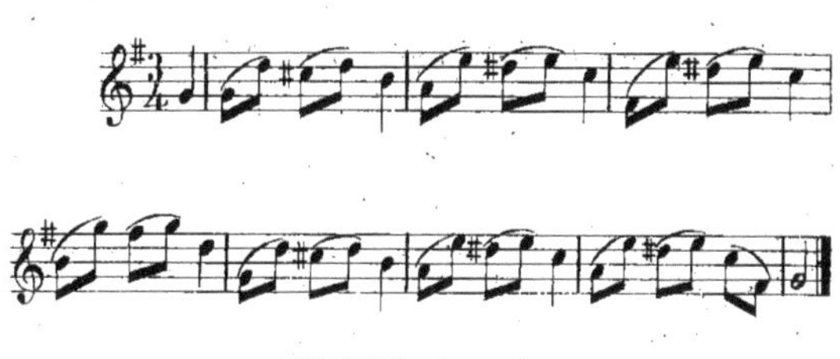

Air Wirtembergeois.

La division du temps fort par trois ou par quatre dans un mouvement lent, sert d'accompagnement, dans les exemples suivans, à des chants d'une tendre mélancolie.

Rossini, Guillaume-Tell, acte II, n° 9, air.

Méhul, Joseph, acte Ier, air no 1.

Ce thème d'un quintette de Mozart, où le même ordre de divisions rhythmiques domine presque exclusivement, exprime une douleur pleine de désolation.

Mozart, 8e quintette (1).

(1) Je rappellerai que pour les quatuors et les quintettes de Mozart, ainsi que pour les quatuors de Haydn, j'ai consulté l'édition de ces Œuvres publiée par Imbault.

Cet autre thème, extrait également d'un quintette du même auteur, et qui est aussi en mode mineur, mais où se fait particulièrement distinguer le sentiment du spondée, a un caractère bien différent et une fermeté toute opposée à l'abattement qui règne dans le thème précédent.

MOZART, 4e quintette.

Dans cet extrait de la *Lodoïska*, de Cherubini, la division du temps fort par trois exprime l'inquiétude et l'agitation des personnages qui sont en scène.

CHERUBINI, Lodoïska, acte II, scène XIII, finale, p. 313.

All°

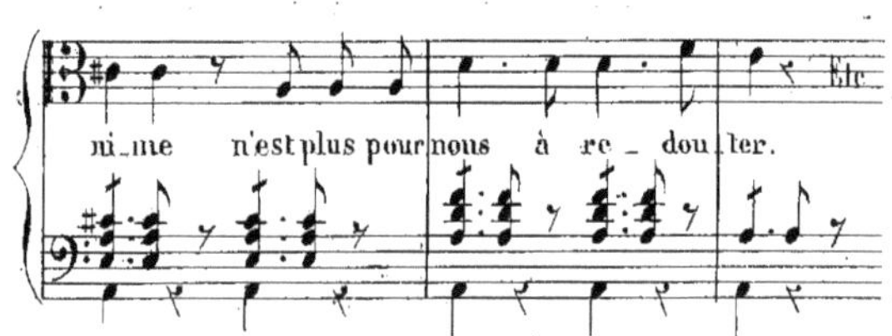

Cette division se fait ici par quatre, et c'est le trouble d'Antiochus à la vue de Stratonice.

MÉHUL, Stratonice, quatuor, scène IX, p. 87.

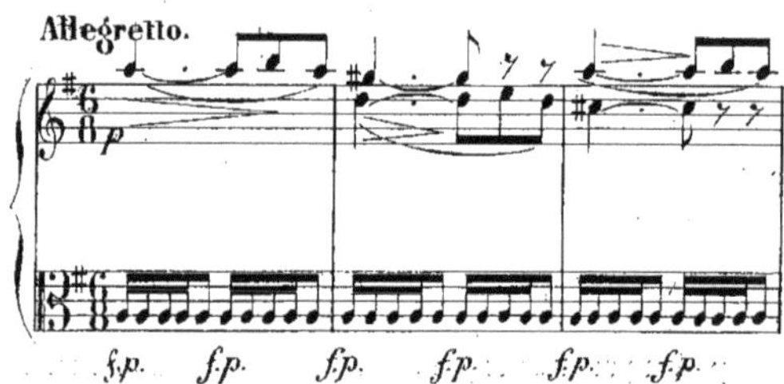

Par des valeurs moindres, c'est la terreur des Suisses malheureux, effrayés par les menaces du chef des archers de Gesler.

Rossini, Guillaume-Tell, acte 1er, no 7, finale, p. 277.

Andantino.

Par des valeurs plus rapides encore, ce sont les frémissemens de rage de Médée méditant l'abominable extermination des fils de Jason.

CHERUBINI, Médée, acte III, scène II, récitatif.

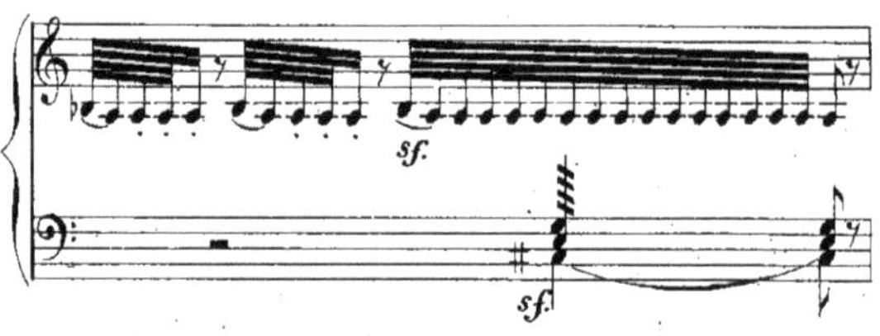

Passant à des images opposées, mais toujours dans le cercle des pensées et des actions où règne plus ou moins de désordre, je ferai voir le même genre de combinaisons rhyhtmiques exprimant l'exaltation de la joie portée jusqu'à la folie. Mon premier exemple sera un air dit *des Bouffons* du XVe ou XVIe siècle (1).

(1) La page où est contenu cet air, dans l'*Essai sur la Musique*, par Laborde, où je l'ai puisé, contient en haut cette indication : *Airs de danse des XVe et XVIe siècle, tirés de l'Orchésographie.* J'ignore auquel, du XVe ou du XVIe siècle, appartient l'air que je cite.

Air des Bouffons, cité par Laborde, t. II, chansons mises à 4 parties, p. 178, 2e pagination du volume.

Je citerai ensuite un *presto scherzando* de Haydn, sur le caractère duquel il ne peut y avoir de doute.

Haydn, quatuors, Op. 16 ou 20, 4e quatuor, finale.

Je citerai encore l'idée du milieu d'un rondeau du même auteur, dont, au sujet du rhythme pyrrhique, j'ai déjà cité le thême avec cette observation, que le caractère de tout le morceau est celui d'une joie folle. En voici la preuve.

HAYDN, quatuors, Op. 33, 3e quatuor.

Dans un des plus beaux airs d'*Armide*, dont Méhul me disait qu'il sentait le farfadet, le dessin des violons et de la flûte, est évidemment conçu suivant cet ordre de combinaisons rhythmiques.

Gluck, Armide, acte II, scène V, p. 109.

Au milieu de la valse infernale de *Robert le Diable*, M. Meyerbeer emploie avec persistance l'anapeste à trois temps.

Robert le Diable, n° 10 de la partition au piano.

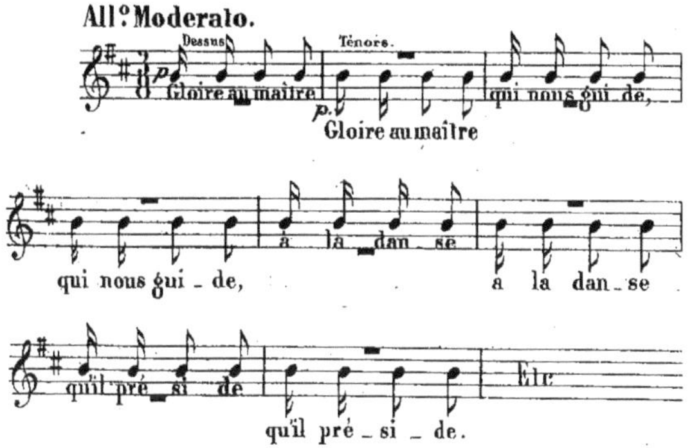

Je puis offrir un exemple fort remarquable qui réunit le rhythme dactylique et l'anapeste. C'est le rondeau : *Fin ch'han dal vino calda la testa*, où règne, jointe à une gaîté très vive, cette insouciance cynique du licencieux don Juan.

Mozart, don Giovani, atto 1o, aria nº 10.

Ces exemples suffiront, je crois, pour justifier l'opinion que j'émets au sujet du rhythme anapestique.

C'est ici le lieu où il convient de parler d'un autre rhythme qui exprime aussi l'agitation, mais avec quelque chose de plus pathétique, de plus grand, de plus noble. Je veux parler du *rhythme syncopé*, tel qu'une noire entre deux croches, ou d'autres valeurs dans des rapports semblables :

Pour preuve que la nuance que j'indique existe réellement entre ce rhythme et celui que j'ai nommé dactylique, une croche, par exemple, suivie de deux doubles croches :

c'est que ce dernier est plus propre à exprimer la frayeur que le rhyhtme syncopé ne rendrait pas dans toute sa force, et que celui-ci, au contraire, convient mieux à l'agitation exempte de craintes pusillanimes. Céla doit être ainsi, puisque ce rhythme, loin de diminuer la force d'un temps en le subdivisant, augmente le nombre des temps forts, l'effet de la syncope étant de donner une grande puissance au temps ou à la portion de temps sur laquelle elle commence.

Quelques exemples de ce rhythme suffiront, je pense, pour prouver son caractère pathétique. Je les puise dans Piccini, Gluck, Cherubini, et dans les œuvres de Rossini et de M. Halévy.

Piccini.

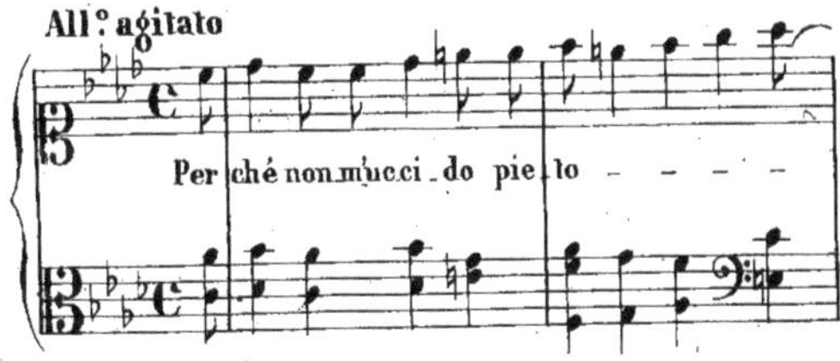

Rossini, Guillaume-Tell, acte Ier, no 10.

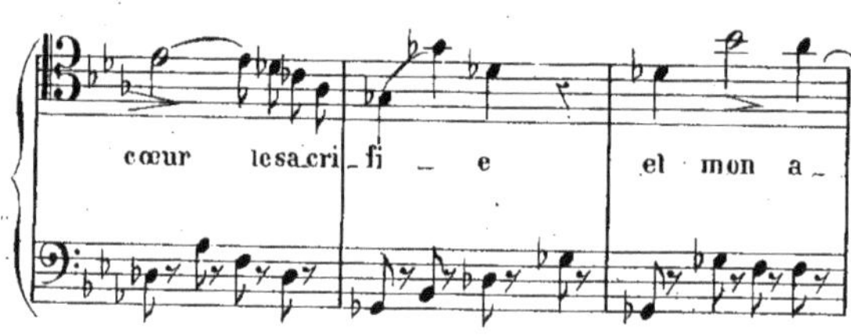

Guillaume-Tell, acte II, nº 11.

Allº
Arnold
C'é_tait aux pal_mes du mar_
Guillaume
à cou _ ron _ ner
Walter
C'é_tait aux pal_mes du mar_
lyre à cou_ron _ ner tant de ver _ tus
Etc
tant de ver_tus
Etc
lyre a cou_ron _ ner tant de ver _ tus
Etc

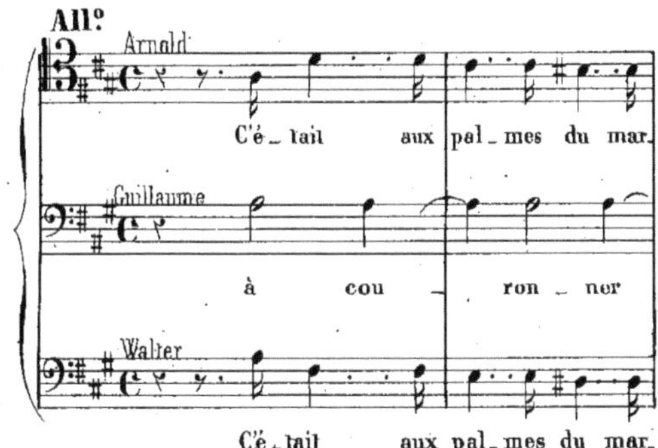

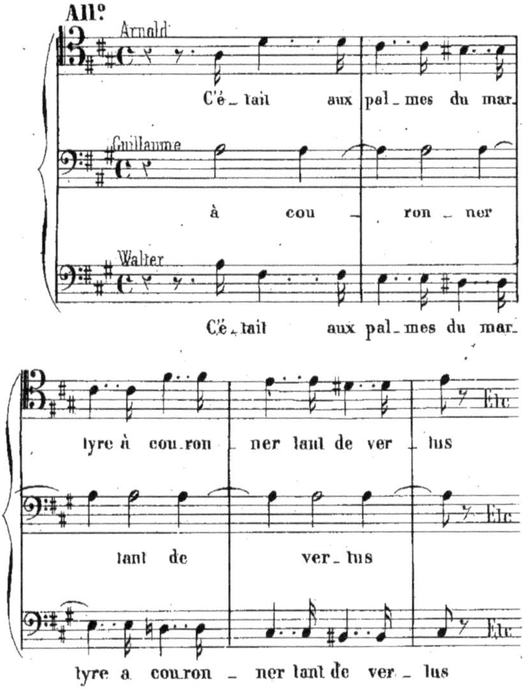

Dans ce dernier exemple, si l'on supprime la partie de Guillaume-Tell qui, cependant, ne doit son expression qu'à la syncope, puisqu'elle reste toujours sur la même note, ou si on lui donne le même rhythme qu'aux deux autres, l'effet perdra la plus grande partie de sa puissance.

M. Halévy, la Juive, acte IV, no 18.

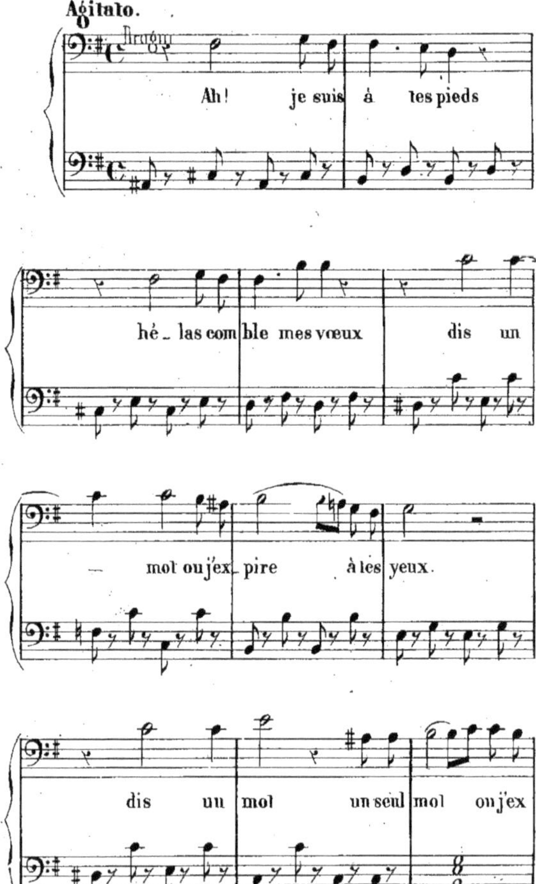

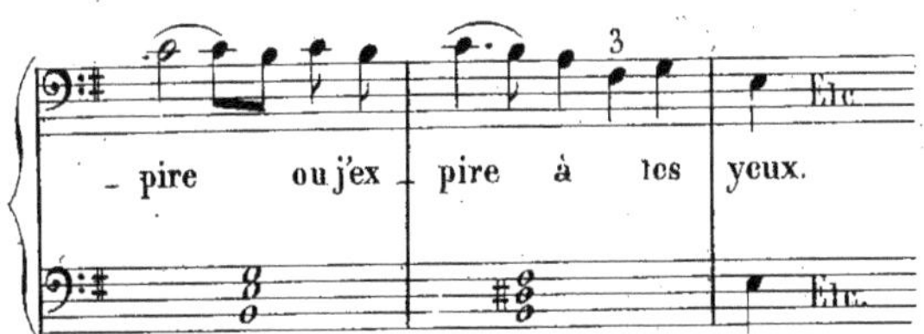

La syncope, qui domine ici, est employée à plusieurs reprises par M. Halévy dans tout le reste du chant si profondément expressif que termine cet extrait.

Enfin, nous trouvons également le rhythme syncopé dans l'accompagnement d'un air de *Lodoïska*, dans celui de l'air admirable d'*Iphigénie en Tauride :*

> « O malheureuse Iphigénie,
> « Ta famille est anéantie. »

et dans l'orchestre de la scène non moins belle où Armide évoque la haine pour se défendre contre l'amour.

Cherubini, Lodoïska, acte II, scène II, p. 200.

Gluck, Iphigénie en Tauride, acte II, scène VI, p. 110.

Gluck, Armide, acte III, scène III, p. 133.

Je donnerai ici une nouvelle preuve de la puissance du temps fort et du besoin que l'homme éprouve de son retour périodique. Le rhythme syncopé étant figuré, je suppose, par une noire suivie d'une blanche, puis d'une autre noire :

les deux noires se touchent, et, sans changer l'ordre des valeurs, je pourrais de ce rhythme faire un rhythme du genre dactylique, de la manière suivante :

Cependant, écrit ainsi, on essaierait vainement d'en faire un rhythme syncopé ; pourtant, qu'ai-je fait ? J'ai seulement déplacé les barres de mesure, j'ai changé la place des temps forts. On peut juger par là de leur importance, puisque leur déplacement dénature complètement l'un ou l'autre de ces deux rhythmes, et nous met dans l'impossibilité de les confondre.

A cette combinaison rhythmique pourrait se rapporter ce que les anciens nommaient la *Paracataloge,* d'où résultait un certain désordre dans l'arrangement du rhythme, propre, dit Aristote, au tragique et au pathétique (1), et je crois être suffisamment autorisé à faire ce rapprochement, puisque le rhythme syncopé établit deux temps forts de suite, ce qui est contraire à l'ordre naturel.

Puisque je parle d'un certain désordre, *effet de l'art*, propre au tragique et au pathétique, qu'il me soit permis de signaler l'abus qu'on fait aujourd'hui de ce moyen. Sous le prétexte de donner du mouvement et de la variété aux compositions musicales, et pour sortir de ce que l'on nomme la routine, on brise les rhythmes, on les mêle, on les confond, sans faire attention qu'au lieu d'enfanter une création, on produit le chaos. On oublie trop qu'en musique, comme dans une œuvre littéraire, il

(1) Observations de Burette sur le Traité de Musique de Plutarque, Œuvres de ce dernier, édit. de Cussac, 1787, t. XXII, p. 471.

faut suivre les lois de la logique, et que, dans la première, les liens, les rapports, les conséquens sont bien plus difficiles à saisir, à cause du vague qui règne presque toujours dans l'expression musicale; le musicien, n'exprimant ses pensées que par des analogies qui, à quelques nuances près, souvent peu appréciables pour le plus grand nombre, peuvent se rapporter à plusieurs objets ou à divers sentimens, et que, par ce motif, les rapports qui unissent entre elles les pensées musicales doivent être plus fortement accusés. On n'observe pas que, faute de cette logique nécessaire, ce qui semble clair au compositeur, est diffus, incompréhensible pour son auditoire, et qu'un morceau de musique où règne ce défaut manque totalement son effet.

Burette (1) dit, à propos d'Achiloque, poète satyrique, que la *Paracataloge* convenait aussi à la véhémence de l'invective et de la diffamation. D'un autre côté, l'*Iambe* est, suivant Horace, un pied vîte, rapide, et propre particulièrement à la satyre (2). Or l'Iambe, ou, en notes modernes, une valeur quelconque suivie d'une valeur double, est aussi une sorte de syncope, et peut se noter, entre autres manières, comme on le voit ici :

(1) Voir la note précédente.

(2) Le vers tétramètre, qui était un vers iambique composé de quatre pieds, ne se trouve chez les anciens que dans les poètes comiques, comme dans Térence, et nous lisons dans Burette que le poète Hipponax qui, dans ses vers, portait la médisance au dernier point, se servait de préférence des vers iambiques. (Observations sur le Traité de Musique de Plutarque, Œuvres de ce dernier, édition de Cussac, 1787, t. XXII, p. 477.) Si même nous voulons nous jeter dans les traditions mythologiques, nous trouvons que le pied iambique aurait été inventé par Iambe, fils de Pan et de la nymphe Echo, qui n'usa que de paroles choquantes et de sanglantes railleries à l'égard de Cérès, affligée de la perte de Proserpine. C'est toujours, comme on le voit, le même caractère attribué à cette sorte de pied poétique, et il est bon de faire observer qu'originairement les vers iambiques n'étaient composés que d'iambes.

Dans notre musique, cette syncope a en effet moins de noblesse que la précédente, qui appartient à la mesure à deux temps ; et son expression, plus incisive, peut convenir aux sentimens satyriques, au sarcasme. A l'imitation des anciens, je donnerai à ce rhythme le nom d'Iambique.

J'ai trouvé peu d'exemples de ce rhythme ; quelques-uns se rencontrent dans des airs ou chansons espagnoles, mais sans que cette forme rhythmique ait là d'application rigoureuse, de sens spécial. Chose singulière, Pergolèse l'a employée presque constamment dans le second verset de son *Stabat* (1). Quoiqu'il en soit, et après de mûres réflexions, je persiste à dire que ce rhythme a quelque chose de piquant et d'excitant qui convient à la satyre (2), et j'ai pour moi l'opinion des anciens, puisque primitivement ce pied était consacré aux pièces de vers injurieuses et dictées par la médisance.

Je cite souvent les anciens, et j'ai saisi toutes les occasions qui se sont présentées de signaler les rapprochemens que mes opinions offrent avec les leurs, dans l'espoir que la haute anti-

(1) Il n'est pas moins singulier que Rossini ait aussi employé ce même rhythme dans son *Stabat*. La première fois, dans l'air de basse-taille, n° 4, mesures 9 et suivantes du premier majeur, il est bien placé quant au sens des paroles : *et flagellis*. Plus loin, dans le même morceau, la même phrase revient, mais moins heureusement, du moins relativement aux paroles. Il fait encore usage de ce rhythme deux autres fois dans cet ouvrage, à l'*allegro moderato* du n° 5, et au n° 7, particulièrement dans le thème ; mais ici il me semble peu à sa place, surtout dans le premier de ces deux passages.

(2) C'est avec ce rhythme que les rouliers excitent itérativement leurs chevaux : *haïe donc !*

quité de ces dernières, et les sources si justement respectées où je les ai puisées, prêteraient une nouvelle force à mes principes, et feraient naître en leur faveur une conviction plus complète.

Il me reste à parler du *rhythme pointé.*

J'ai dit que le rhythme trochaïque, pris dans un mouvement accéléré, pouvait caractériser une fermeté très prononcée, témoin la mesure nommée improprement à un temps, et que ce rhythme, ainsi accéléré, avait, suivant les apparences, donné naissance au rhythme pointé. Dans un rhythme composé de deux temps rhythmiques inégaux, plus le temps long est prolongé, et le temps bref diminué, plus ce rhythme prend un caractère de fermeté et en même temps de sévérité. Ainsi, le rhythme trochaïque, ou la note longue a deux fois la valeur de la brève :

pris dans un mouvement vif, a une expression ferme et animée; si je donne à la note longue trois fois la valeur de la brève, ce qui est le premier degré du rhythme pointé,

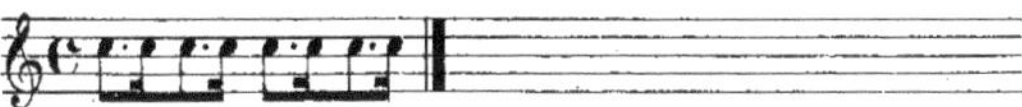

l'expression deviendra menaçante; si elle a sept fois la valeur de la brève,

cette expression prendra le caractère d'une fermeté sévère, et plus encore, si la note longue a quinze fois la durée de la brève :

Au premier degré du rhythme pointé, c'est-à-dire lorsque la note longue a trois fois la valeur de la brève, plus le mouvement sera précipité, plus l'expression sera propre à caractériser l'emportement et la fureur.

L'introduction de l'acte des Enfers, dans *Orphée*, et l'apparition des Euménides pendant le sommeil d'Oreste, dans *Iphigénie en Tauride*, nous offrent l'exemple de la longue ayant quinze fois la durée de la brève.

Gluck, Orphée, acte II, scène Ire, p. 50.

(1) Ici, comme dans quelques-uns des autres exemples que je donne du rhythme pointé, le silence qui suit la longue doit être compté dans la valeur de cette longue.

GLUCK, Iphigénie en Tauride, acte II, scène IV, p. 88.

Les menaces de Rodolphe, dans la finale du premier acte de *Guillaume-Tell*, sont accompagnées par un rhythme pointé que font entendre plusieurs instrumens à vent, et où la longue a seulement sept fois la longueur de la brève.

ROSSINI, Guillaume-Tell, acte Ier, no 7, finale, p. 264.

(1) L'indication du mouvement se trouve quatre pages plus haut.

Pour exprimer les terreurs qui assiègent Thoas, Gluck se sert, entr'autres moyens, dans *Iphigénie en Tauride*, du même rhythme, mais avec cette différence qu'ici la longue n'a que trois fois la durée de la brève.

GLUCK, Iphigénie en Tauride, acte Ier, scène II, p. 48.

Le même moyen est employé par Mozart au moment de l'entrée de la statue du Commandeur, à la fin de *don Juan*.

MOZART, don Giovanni, atto II, n° 23, finale, p. 453 (1).

(1) Edition de Frey.

Enfin, ce même degré du rhythme pointé, mais de plus en plus animé, se trouve dans *Lodoïska*, à l'arrivée des Tartares; dans *Armide*, lorsqu'elle vient pour frapper Renaud, « ce superbe ennemi, ce cruel vainqueur, » que ses enchantemens ont fait tomber en sa puissance, et dans *Médée*, lorsqu'elle appelle à grands cris Tisiphone pour l'aider à assouvir ses fureurs de vengeance.

CHERUBINI, Lodoïska, acte Ier, scène Ire, p. 33.

Gluck, Armide, acte II, scène V, p. 103.

CHERUBINI, Médée, acte III, scène II, p. 337.

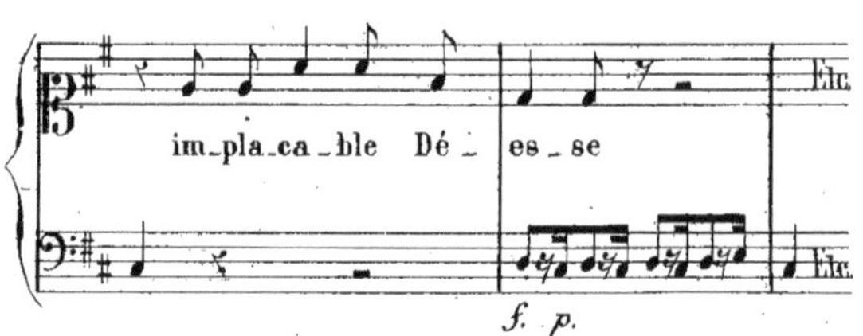

J'avais réuni d'autres exemples analogues et tout aussi concluans, de l'emploi du rhythme pointé; mais j'ai pensé que ceux que je présente seraient suffisans.

Je crois convenable, en terminant, de présenter ici un tableau abrégé des principaux rhythmes, avec l'indication des caractères qui les distinguent plus particulièrement.

LE RHYTHME SPONDAÏQUE A DEUX TEMPS,

tranquille, lent et grave, propre aux sentimens tristes.

LE SPONDAÏQUE A TROIS TEMPS (1),

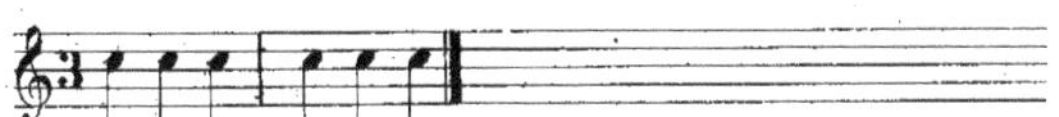

a un tour plus développé, plus grâcieux, est plus lent, plus grave.

LE PYRRHIQUE A DEUX TEMPS,

Très vif.

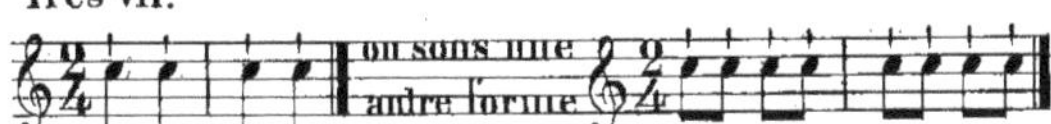

est vif, léger.

LE PYRRHIQUE A TROIS TEMPS,

moins animé, moins vif.

(1) Les anciens avaient un pied composé de trois longues, et un autre de trois brèves, le premier, appelé *Molosse*, et le second, *Tribraque*, qui correspondent à ce que je nomme ici Spondaïque à trois temps, et plus bas Pyrrhique à trois temps; mais j'ai préféré ces dernières dénominations, afin d'éviter ce qui pourrait être pris pour du pédantisme.

LE RHYTHME TROCHAÏQUE,

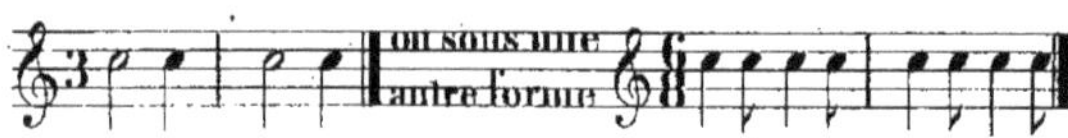

a une marche pesante et boîteuse.

LE RHYTHME DACTYLIQUE A DEUX TEMPS,

et ses dérivés,

conviennent à divers dègrés d'animation qui peuvent être portés jusqu'au trouble.

LE RHYTHME DACTILIQUE A TROIS TEMPS,

et ses dérivés,

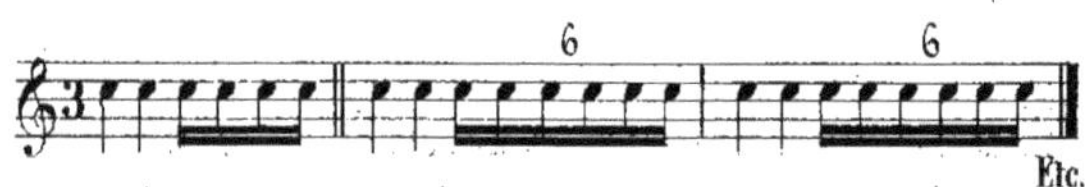

dans les mêmes conditions de mouvement, moins animé que le précédent.

L'ANAPESTE MIXTE,

et ses dérivés,

plus agité que le rhythme dactylique à trois temps.

L'ANAPESTE A DEUX TEMPS,

et ses dérivés,

qui conviennent à tout ce qui est opposé à l'ordre, depuis la simple négligence jusqu'au désordre le plus absolu.

L'ANAPESTE A TROIS TEMPS ET SES DÉRIVÉS,

qui conviennent mieux, en général, à la négligence, au laisser-aller, qu'au désordre des passions violentes, comme on peut le voir par les exemples que je donne du rhythme anapeste à deux et à trois temps, exemples qui ont été choisis sans aucune pensée qui eut trait à cette distinction.

LE RHYTHME SYNCOPÉ,

propre particulièrement au pathétique.

LE RHYTHME IAMBIQUE,

qui exprime bien le sarcasme et la satyre.

ENFIN, LA MESURE DITE A UN TEMPS,

Très vif. Vif.

ET LE RHYTHME POINTÉ DANS SES DIFFÉRENTES PROPORTIONS,

qui ont un caractère de fermeté très prononcé.

Ce n'est ici, je le répète, qu'un tableau fort abrégé qu'on peut doubler en commençant ces différens rhythmes par le temps levé au lieu du temps frappé, d'où résultera pour chacun d'eux moins de fermeté; on conçoit en outre qu'un grand nombre d'autres combinaisons peuvent être imaginées, toutes se rapportant à l'une de celles indiquées; et que leur emploi, leur mélange, joint aux différens degrés de vitesse ou de lenteur dont le mouvement est susceptible, ainsi qu'aux caractères variés de la mélodie et de l'harmonie, fournissent au compositeur une foule de nuances qui suffiront à tous les sentimens qu'il peut avoir à exprimer.

Avant de terminer cet Essai, je devrais parler du rhythme phraséologique, ou correspondance rhythmique des phrases et des périodes; mais M. Fétis a trop bien traité cette question, dans son Cours de Philosophie de la Musique (1), pour que j'entreprenne de rien ajouter à ses lumineux développemens. Je ferai seulement observer que les principes qu'il pose sont susceptibles d'exceptions, comme en général toutes les règles en fait d'art.

(1) Revue musicale, 1832, p. 162.

www.ingramcontent.com/pod-product-compliance
Ingram Content Group UK Ltd.
Pitfield, Milton Keynes, MK11 3LW, UK
UKHW012048240726
13965UKWH00003B/1127

9 782013 049603